부업왕 엄마의
방구석 돈공부

마이너스로 시작해 부업만으로 돈을 모은 시스템의 비밀

아바라 TV 안선우 지음

부업왕 엄마의 방구석 돈공부

카시오페아
Cassiopeia

방구석 부업왕 성공기

고상한 배움보단 돈이 되는 배움을 택하다

큰아들이 3살쯤 되었을 때, 전화가 왔다. 20대 때 다니던 회사 거래처 사장님이었다. 같이 일하자는 제안이었다. 나는 거리가 멀어서 갈 수 없다고 공손히 거절했지만, 그날 기분이 너무 좋았다.

'아, 나를 기억해 주는 사람이 아직 있구나.'

육아하는 시간이 길어질수록 다시 사회에 진출할 수 없을지 모른다는 두려움이 커져만 갔다. 자신감은 점점 사라졌고 급기야 위기의식마저 들기 시작했다.

'애들이 크면 나는 무엇을 해야 할까? 그때 내가 할 수 있는 일이 있기는 할까? 전에 내가 어떻게 일을 했었지?'

복잡한 마음 속 한편에 늘 두려움이 있었다. 이를 극복하기 위해 선택한 것이 자기계발이다. 아이를 돌보며 정말 다양한 것을 배웠다.

무엇을 배우느냐의 기준은 돈이었다. 돈이 되는 것만 골라 배웠다. 돈으로 결과물이 나오지 않는 일은 시작조차 하지 않았다. 누군가는 돈이 전부가 아니라 하겠지만 나는 돈이 안 되는 배움은 의욕이 안 생겼다. 솔직히 말하자면 고상한 취미를 가질 여력이 없었다. 취미를 돈 주고 배우다니 그것은 내게 사치였다. 배우면 바로 돈을 벌 수 있어야 했다. 그래야 즐거웠다. 몸이 조금 힘들어도 수입이 들어오면 풀렸다. 아, 내 노력의 대가가 있긴 있구나 싶었다.

개인적으로 우리(아이가 있는 전업주부들)는 결과물이 나올 수 있는 도전을 해야 한다고 생각한다. 물론 아이를 키우며 무엇인가 배우려 하는 것 자체가 육체적으로 굉장히 피곤한 일이다. 나도 안다. 그럼에도 꼭 도전해 보길 바라는 이유는 정신이 다르기 때문이다. 돈벌이를 시작하면 비록 몸은 피곤해도 정신은 점점 더 맑아지는 것을 분명 느낄 수 있을 것이다. 내 손으로 돈을 벌 수 있다는 그 쾌감을 맛 보는 순간, 엄마가 되며 사라졌던 '나'란 사람이 불쑥 나오게 될 것이다.

우리 꼭 돈을 벌자. 첫째 나를 위해서. 그리고 금쪽같은 내 새끼를 위해서, 사랑하는 가족을 위해서. 당장 할 수 있는 것이 없다면 돈을 벌 수 있는 것을 배우자. 돈을 벌면서 배우면 더욱 좋고!

엄마를 벗고 나를 꺼내자

아이를 키운다는 것은 참 신성한 일이지만, 사실 육아라는 것이 열심히 한다고 누가 돈을 주는 건 아니지 않은가. 내가 지금 막 눈을 감았어도 애가 깨면 나도 눈을 떠야 하고, 애가 큰일을 봤다 하면 밥을 먹다가도 응가를 닦아 줘야 한다. 급하게 해야 할 일이 있어도 놀아달라 하면 마냥 외면할 수만은 없다. 나 역시 이렇게 아이에 맞춰 살다 보니 어느새 나를 잊었다. 여기에 매일 질리도록 반복되는 살림은 생산성을 추구하는 내게 너무 힘든 일이었다.

그런 내가 변했다. 물론 겉으로는 예전과 크게 달라진 것은 없다. 남편은 여전히 늦게 퇴근하고 아이들과 살림은 아직도 전적으로 내 몫이다. 그런데 나는 더 이상 짜증내지 않는다. 그 정도가 아니라 남편에게 나답지 않게 말도 부드럽게 한다. 달라진 것은 딱 하나, 내가 남편만큼 돈을 버는 것뿐이다. 그런데 그것이 나에게 자신감과 자존감을 높여 준 것이다. 내 마음에 여유가 생긴 것이다.

나는 아이를 키우며 나란 존재를 인정받고 싶었다. 그러나 내 삶 속에서 '나'를 인정받을 곳이 없었다. 괴로웠다. 반복되는 육아는 지치고 힘들었다. 그럼에도 원래부터 엄마로 태어났던 것처럼 최선을 다해 엄마로 살았다.

그런데 내 힘으로 돈을 벌고 나선 '나'라는 인간의 하루 비중이 커지기 시작했다. 잊혀졌던 내가 깨어난 것이다. 엄마로서 하루가 아닌, 나로서 사는 하루는 매일이 감격이다.

이젠 아이들과 놀고, 밥하고, 청소하는 시간이 전혀 우울하지 않다. 좋은 엄마가 되어야 한다는 압박에서 벗어나자 '나'라는 사람으로 모든 것을 이루어낼 용기가 생겼다.

남편 수익을 넘다, 내 이름은 '부업왕'

나는 당당하게 말할 수 있다. 내 이름은 '부업왕'이다. 최근에 이것저것 해서 벌어들이는 수익이 남편 월급을 넘었다. 부업으로 남편 수익을 넘은 날, 나는 정말이지 짜릿한 쾌감을 느꼈다. 뭔가 복수를 했다는 느낌이랄까? 돈을 못 번다고 남편이 나를 괴롭힌 것도 아니고, 서로 사이가 안 좋은 것도 아니었다. 그럼에도 지난 6년간 일을 할 때면 항상 남편보다 급여가 적다는 것이 나를 압박했다. 수입과는 별개로, 아이들을 돌보며 이것저것 아르바이트하느라 출퇴근하는 남편보다 더 바쁠 때도 불평 한 마디 할 수 없었다. 돈을 적게 벌고 있으니 남편보다 집안일을 더 해야 하고, 육아는 오롯이 내 몫이었다. 누가 시킨 게 아니라 내가 스스로 그렇게 생각하고 행동했다.

현재 나의 머니트리는 블로그, 유튜브, 강의이다. 이제 이 책이 나오면 인세까지 포함된다. 좀 더 구체적으로 말하면 블로그는 애드센스라는 광고수익과 블로그 체험단을 통해 식비 절약과 치킨값 정도의 소소한 수익이 매달 내 계좌에 들어온다. 유튜브를 통해서는 영상에 붙는 광고와 브랜디드 광고, 유튜브 서포터즈를 통해 신입사원 월급만큼이 들어오고 있다. 강의 또한 어떠한 업체를 통하지 않고, 개인 홍보를 통해 진행하고 있어 적지 않은 수익이 들어온다.

처음에는 유튜브로 월 30만 원만 벌어보자고 시작했다. 그런데 지금은 남편 월급을 넘어섰다. 이게 가능했던 이유는 내가 안주하지 않고, 나를 브랜드화해서 나만의 머니트리를 계속 확장했기 때문이다.

디지털 소비자에서 디지털 생산자로

나도 첫 애를 낳고 맘카페에 다른 사람들이 쓴 유모차, 카시트 리뷰를 읽다가 잠들곤 했다. 살 것도 아닌데 참 리뷰는 잘도 읽었다. 블로그에 기웃거리며, 다른 엄마는 어떻게 육아를 하나 탐색하기에 바빴다. 나는 글을 읽는 소비자였다. 둘째를 낳고는 초반에 다이어트 유튜브 채널을 매일 틀어놓았다. 살을 빼기 위해 자극받는다고 말이다. 이런 걸 먹어라, 디톡스 제품은 이게 좋더라, 닭가슴살은 이 제품이 좋더라 등 그들이 하는 말을 종일 듣고 있었다. 나는 영상을 보는 소비자였다. 당시 나는 내가 소비자라는 생각조차 하지 못했다. 자각하지 못한 채 그냥 자연스럽게 내 시간을 그들의 콘텐츠를 소비하는 것에 쓰고 있었다.

최근 나는 콘텐츠 생산자가 되었다. 블로그에 나의 이야기, 혹은 제품을 받고 정보성 글을 쓴다. 그럼 사람들이 내 채널에 방문해서 내 글을 읽고 소비한다. 유튜브 역시 마찬가지이다. 매일 집밥을 해 먹고, 절약하는 이야기를 영상으로 올린다. 그러면 사람들은 그 영상을 소비하고 심지어 나의 팬이 된다. 휴대폰 하나로 올린 글과 영상이 돈이 된다.

사람이 모이는 곳은 돈이 된다는 것을 SNS 채널을 운영해 보니 알게 되었다. 우리가 자주 들어가는 맘카페 대표가 얼마나 많은 돈을 벌고 있는지 당신은 아는가? 이제부터는 맘카페도, 블로그도, 유튜브도 다른 시각으로 바라봐야 한다. 그냥 필요한 정보를 찾고 소비하는 것에서 그치지 말고, '이 블로그는 이런 식으로 운영하는구나', '이 유튜버는 이런 영상효과, 센스, 편집 스타일로 사람들의 이목을 집중시키는구나!'와 같이 생산자의 시선으로 바라보는 훈련을 계속해야 한다. 이처럼 방구석에서 남편만큼 돈 벌기 위해 가장 중요한 것은 바로 소비자가 아닌 생산자로 살겠다는 생각의 전환이다.

엄마들의 신의 직장, 디지털 방구석 노마드

요즘 시대가 돈 벌기 좋은 시대라는 말을 유튜브에서 자주 들었다. '돈 벌기가 좋다고? 대체 뭐가 좋다는 거지? 누구나 가능하다고? 난 아닌데….' 특별한 사람들의 이야기란 생각에 박탈감마저 들어 처음엔 듣기 굉장히 불편했다. 그런데 지금 내가 방구석에서 돈을 벌고 있다.

처음부터 저 말을 맹신하며 어떤 특출난 능력이 있어서 방구석 부업왕이 된 것은 아니다. 센스도 없고, 그렇다고 컴퓨터를 잘하지도 못했다. 이런 쪽으로는 경험도 전무했다. 그저 둘째를 업고 집에서 설거지를 하면서 '아. 뭐라도 해서 집에서 애를 보며 돈 벌고 싶다. 딱 월 30만 원만 내 힘으로 벌고 싶다'가 전부였다.

그러다 시간과 공간의 제약이 없는 유튜브와 블로그를 만났다. 모르면 배우고, 또 모르면 또 배우는 수많은 시행착오 끝에 지금의 수준에 도달하게 되었다. 경험치가 제로이니 두려움도 적었다. 그래서 도전할 수 있었던 거 같다. 어차피 이 세상에 쉽게 돈을 벌 수 있는 건 하나도 없다.

나는 어쩌다보니 스마트폰 하나로 편집을 하고 광고로 돈을 버는 디지털 노마드가 되었다. 원래 디지털 장비를 들고 떠도는 유목민이어야 하지만, 애들 키우느라 집에서 돈을 버니 '디지털 방구석'이라 할 수 있겠다. 뭐든 좋다! 디지털 노마드이건 디지털 방구석이건 내 새끼 내 손으로 키우면서 방구석에서 돈 벌 수 있는 방법이 있고 나에게도 그런 기회가 있다는 게 감사할 뿐이다. 그리고 이 책을 읽는 독자분들에게 알려주고 싶었다. 나처럼 마이너스에서 시작해도 플러스가 되는 방법이 있다는 걸.

독자님들, 우리 방구석을 돈방석으로 만들어봅시다!

차 례

내 이름은 부업왕,
방구석에서 돈 공부를 시작하다

5년 만에 1억 갚은
짠테크의 모든 것

3장 방구석을 돈방석으로 만들어 보자

4장 '컴맹'에 기계치, 주부 유튜버 도전!

내 이름은 부업왕,
방구석에서
돈 공부를 시작하다

나는 무적의 빨간 장화,
세차장 집 딸

"선우야, 니 선물이다."

엄마가 씨익 웃으며 건네주신 빨간 장화. 아직도 잊지 못한다.

내가 대학에 입학할 즈음 우리 가족은 세차장을 운영했다. 처음 해보시는 일에 이래저래 고생하시는 부모님의 모습을 보니 학교만 다닐 수는 없어 세차장에서 일손을 도왔다. 고된 일이었지만 열심히 하시는 부모님을 보며 나 역시 대충할 수가 없어 정말 온몸을 날려 차를 닦았다. 그렇게 휠부터 시작해서 보닛과 트렁크, 조수석을 거쳐 운전석까지 단계별로 중요 위치로 승진하며 차를 닦았다.

보통 세차장에서 자동차 실내 세차는 여자들이 하고 외부 세차

(비눗칠과 물총질)는 남자들이 하는데, 나는 남자 아르바이트생이 오지 않는 날이면, 스펀지를 들고 자동차 외부를 닦기도 했다. 가끔은 남자들도 조절하기 힘든 수압이 센 물총을 쏘기도 했다. 이런 일들이 비일비재해지자, 엄마는 내 신발에 물이 들어갈까 봐 시장에서 빨간 장화를 사 오셨다. 그 빨간 장화를 생각하면, 힘들게 세차장에서 일하던 그때가 떠오른다. 20살 어린 딸이 맨손으로 스펀지를 들고 차를 닦는 게 안쓰러워 장화 중에서 예쁜 빨간 장화를 고르셨을 엄마의 마음을 생각하면 아직도 내 가슴이 먹먹하다.

그렇게 10년간 우리 가족은 똘똘 뭉쳐서 세차장을 운영했다. 나와 내 동생은 당연한 듯 주말은 물론 학교에 가지 않는 날이면 부모님을 도와 차를 닦았다. 세차를 할 수 없을 만큼 추운 겨울날에도, 더워 미칠 것 같은 여름에도 마찬가지였다. 이제 생각해 보면, 세차장에서 손끝이 얼어붙는 고통을 느끼며 세차를 했던 그 시간이 내 인생에서 가장 힘들었던 때다. 그러나 한편으론 나를 가장 단단하게 만들어 준 시간이기도 했다.

당시 세차장에서 일하며 느낀 것은 세상에는 돈을 버는 방식이 다양하다는 거다. 이 세상은 우리집 식구들처럼 온몸이 부서져라 일을 해서 돈을 버는 사람이 있고, 주유소 사장처럼 가만히 앉아서 돈을 버는 사람도 있었다. 돈이 있어야 한다. 돈은 중요하다. 나는 그때 온몸으로 자본주의를 배웠다.

많은 사람이 멀쩡한 아파트에 살기 때문에 자신은 어느 정도 여유가 있는 중산층이라고 착각한다. 실상은 갚아야 할 대출, 빚이 30년 치나 되어 매달 이자를 내며 살고 있으면서 말이다.

나 역시 그랬다. 그러다 내 인생, 내 남편의 인생이 아파트라는 이 콘크리트 덩어리를 갖기 위해 산다는 것을 깨닫는 순간 가슴이 답답하고 서글퍼졌다. 어떻게 하면 대출에서 벗어날 수 있을까, 가난에서 벗어날 수 있을까. 이런 생각은 해맑게 놀고 있는 두 아들을 볼 때면 더욱 깊어졌다.

'난 내 자식들에게 가난을 물려주고 싶지 않아.'

치열하게 고민했다. 그리고 결심했다. 짠순이가 되기로. 최소한으로 소비하고, 최대한으로 돈을 모으겠다고 말이다.

돈 아껴봐야 거기서 거기라고?

내 유튜브 계정 속 재생목록 명은 '티 안 나는 짠순이'이다. 왜 이렇게 이름을 짓게 되었나 하면 짠순이 티를 내봤자 좋을 게 없기 때문이다.

신혼 초부터 지금까지 돈을 모으기 위해 절약하며 알뜰히 살고 있다. 허투루 쓴 돈이 한 푼도 없다고 스스로 자부할 수 있다. 그런 나에게 주변에서 보이는 반응은 썩 긍정적이지 않다.

"옷 좀 사 입어. 그런 푼돈 아껴봐야 어차피 거기서 거기야. 그냥 좀 쓰고 살아. 대출? 천천히 갚으면 되지. 젊은 애가 왜 그리 아등바등 살아."

이런 반응에 처음에는 너무 내가 아끼고 사는 것인가 싶었는데, 결혼 3년 차쯤 깨달았다. 이렇게 말하는 사람치고 돈이 있는 사람이 없다. 자신은 돈이 없어 힘들어하면서 나한테 절약하지 말라고 한다. 이게 도대체 무슨 논리인가.

돈을 많이 갖고 싶다, 돈을 사랑한다고 적나라하게 이야기하는 것이 아직도 불편한 세상이다. 돈을 아끼려고 동생이 안 입는 옷을 받아 입고, 애들 옷도 여기저기 물려받아 입힌다고 하면, 나를 독하다며 쳐다봤다. 처음에는 그 시선에 움츠러들기도 했다. 그러나 어느 순간부터 그런 시선을 신경 쓰고 싶지 않았다. 그래서 입을 다물고 조용히 돈을 사랑하는 티 안 나는 짠순이가 되었다.

결혼 전, 내 직업은 일본여행 가이드였다. 가이드를 하다 보면 다양한 사람들을 만나는데 보통의 여행객은 일상을 벗어나 편히 쉬고, 즐겁게 놀다 가고 싶은 마음이 가득하다. 그래서 명소, 유명 쇼핑거리, 맛집에 대해 많이 묻는다. 그런데 한번은 기업 대표를 모아 진행하는 투어를 담당하게 되었다. 이분들이 내게 묻는 것은 그동안 들어보지 못한 주제였다.

"요즘 일본 경제 상황이 어떤가요? 이 동네는 부동산 가격이 어느 정도 합니까?"

부자들의 생각은 달랐다. 그들은 여행하면서도 앞으로의 일본 경제 전망, 일본의 집값에 대한 정보와 나의 의견을 궁금해했다. 돈과 경제에 대해 아주 자연스럽게 이야기하는 모습에 신선한 충격을 받았다.

이 일이 있기 전까지 나는 돈에 관해 이야기하면 욕심 많은 사람, 부자면 나쁜 사람이라는 고정관념을 갖고 있었다. 이는 내가 부자가 아니어서도, 내가 가난하게 태어나서도 아니다. 바로 돈에 대해 자연스럽게 이야기하는 문화를 접해보지 못했기 때문이었다.

11살, 초등학교 4학년 때 전교에서 가장 저축을 많이 하는 어린이로 뽑혔다. 조회시간에 친구들이 모두 보는 앞에서 구령대에 올라가 대표로 교장 선생님께 저축상을 받았다. 어린 마음에 저금을 해서 상을 받은 것도 좋았지만 이보다 더 큰 즐거움은 매일 새마을금고에 가서 푼돈이라도 저축하고 불어나는 잔고를 보는 것이었다.

그렇게 열심히 모아서 대학 등록금을 냈고, 아르바이트를 해서 유학비를 만들었다. 유학 시절에는 설거지부터 시작해서 할 수 있는 것이면 뭐든 해서 다음 해 등록금을 모았다. 졸업하고 첫 직장을 다니며 1년간 모은 돈으로 부모님의 빚을 갚아드렸고, 학자금을 갚았다. 다시 여행 가이드로 모은 3천만 원으로 결혼을 했다. 그리고 신혼 때부터 5년간 가계부를 쓰며 절약해서 1억 원이라는 대출금을 갚았다.

초등학생 시절부터 여태 살면서 한 번도 돈을 흥청망청 써본 적이 없다. 열심히 모아 학비, 가계에 보탰다. 그래서 여전히 내 수중에는 돈이 없다. 그렇지만 후회하진 않는다. 악착같이 살아온 20대의 내가 지금의 나를 만들었기 때문이다.

이제 내 나이 30대 중반. 이제부터 나는 온전히 나를 위해 제대로 돈을 모아보기로 결심했다.

원래 엄마는 시간이 없다, 잔말 말고 쪼개라

돈보다 더 아껴야 하는 게 우리의 시간이라고!

육아에 치인 어느 날, 내가 하릴없이 소파에 누워서 스마트폰을 보고 있다는 것을 자각했다.

'지금 나는 왜 핸드폰을 보고 있는 거지? 왜 종일 피곤하다며 틈만 나면 소파에 누우려고 하는 거지? 나 참 생산적인 사람이었는데…. 지금 뭐 하고 있는 걸까?'

아이가 자는 틈에 무엇을 해볼까 하는 마음보다 그냥 누워서 영혼 없이 스마트폰만 바라보고 있는 나 자신이 안타까워 슬퍼졌다. 이건 내가 아니었다.

아이가 원에 가면 우리에게는 시간이 생긴다. 이 소중한 시간을 어떻게든 생산적으로 써야 한다. 그런데 이때 집안 일을 하고 아이를 돌봐야 하니, '난 할 수 없어'라는 벽이 가로막고 있는 것만 같다. 그 벽은 누가 만들었는가. 혹시 스스로 만들고 있지 않은가. 어쩌면 내 인생의 후퇴를 유도하는 사람은 나 자신이 아닌가 진지하게 생각해 봐야 한다.

처음엔 나 역시 육아에 지쳐서 무언가 도전할 생각보다는, 주변 엄마들과 만나는 약속 잡는 데 많은 시간을 할애했다. 지금의 나를 이해해 줄 수 있는 사람은 오직 내 아이 또래의 엄마들뿐이라고 믿었다.

그도 그럴 것이 아이를 키우는 하루하루는 어찌해야 할지 모를 일의 연속이었다. 아이는 이유 없이 열이 오르기도 하고, 밥을 너무 안 먹기도 하고, 잠을 잘 안 자기도 했다. 또 또래보다 말이 좀 느린 것 같고 어느 날은 너무 활발한 것 같기도, 어느 날은 너무 얌전한 것 같기도 했다. 아이가 제대로 크고 있는지 하루에도 수십 번 고민스러웠다. 아이를 잘 키우고 싶은 마음만큼 그 고민은 크고도 무거웠다. 이런 고민을 사소한 이야기로 넘겨 버리는 남편과 가족은 모두 내 편이 아니라고 느껴졌다. 그래서 같은 고민을 하는 아이 친구 엄마들에게 더 의지했는지도 모른다.

그런데 시간이 지나 아이가 점점 자라면서 고민이나 걱정거리가 많이 없어졌다. 아이가 열이 난다고 무조건 공포에 떨지 않았고, 어느 정도 나만의 교육관도 형성되어 주변에 휩쓸리지 않았다.

내 삶의 패턴이 육아에 적응한 것이다. 그러는 동안 남편에게도 적응했다. 배우자에게 기대하지 않고 그 사람 자체를 인정하게 되었다. 이렇게 결혼과 육아에 익숙해지니 마음의 평화가 찾아왔고 진정 무언가를 해볼 용기가 생기기 시작했다.

일주일에 3~4번 정도는 꼭 약속을 만들던 나는 약속을 줄이기 시작했다. 밥 먹자는 약속, 커피를 마시자는 약속을 모두 조심스럽게 사양했다. '나는 집에서 일하는 워킹맘이다'라고 생각하고 평일 낮에는 약속을 만들지 않았다. 그리고 내가 할 수 있는 일을 찾기 시작했다. 그중에서도 돈이 될 수 있는 일을 골라 도전했다.

그 결과 남편만큼 벌면서 내 새끼 내 손으로 키우는 엄마가 되었다. 아들 둘을 키우며, 밤늦게 퇴근하는 남편과의 생활 속에도 집에서 돈을 벌 수 있는 첫 번째 이유는 나의 시간 관리 덕이다. 이 필살기를 지금 공개하겠다.

시간 쪼개기 3·6·1 법칙

전업주부인 내가 아이를 돌보며 내 꿈을 이루기 위해서는 시간 관리가 최우선이다. 많은 시행착오 끝에 나는 '3·6·1 법칙'을 만들었다. 우리에게 주어진 시간을 10이라 하고, '3', '6', '1'로 이를 쪼개는 것이다. 최대한 잘게.

나는 남편이 밤 9시 반에 온다. 심지어 주말에도 출근해서 같은 시간에 온다. 즉 독박육아로 사내아이 둘을 돌봐야 한다. 시간이 없다.

시간이 없다고 내뱉는 순간 속상하고 화가 났다. 하고 싶은 일이 생겨도 쓸 수 있는 시간이 한정적이다 보니 답답했다. 나보다 시간적 여유가 있어 앞서나가는 사람들이 부러웠다.

마냥 부러워만 하고 있을 수는 없었다. 나는 간절하게 생산 활동을 하고 싶었다. 그래서 내 시간을 어떻게 하면 잘 활용할 수 있을까 부단히 고민했다. 일단 도서관에 가서 시간 관리에 관한 책을 모조리 읽었다. 하지만 어린 아이를 키우는 엄마에게 적용할 사례는 많지 않았다.

여기서 포기할 수는 없었다. 책과 유튜브 등을 참고하여 나의 생활에 유명한 시간관리법을 적용하며 여러 번의 시행착오를 겪었다. 그리고 마침내 '엄마의 시간 관리'를 만들었다. 이것은 일반적인 시간 관리와는 완전히 다르다. 아주 많이 다르다.

3가지 목표를 정하고 우선순위 세우기

요즘은 가정주부도 열심히 자기계발을 하는 경우가 참 많다. 완벽하게 살림과 육아를 잘하는 것에 만족하기보단, 살림과 육아를 하면서도 나 자신을 찾고 싶어 하는 전업주부가 점점 많아지고 있다. 아무것도 하지 않고 무기력하게 하루를 보내는 것도 힘들지만 노력을 하는데 아무것도 이루어지지 않는 나날을 보내는 것은 더 힘들다. 이런 분들을 자세히 살펴보면 의욕이 앞서 너무 많은 것을 동시에 시도하려고 한다. 하나에 집중하지 않고 이것저것 에너지를 분산하다 보면 결국 제대로 된 결과물을 하나도 만들어 내지 못한다. 그러니 무엇을 배우거나 일을 할 때 우선 자신이 감당할 수 있는 만큼인지 자신을 되돌아봐야 한다.

'내가 변화하려는 이유는 무엇인가? 내 존재의 가치를 인정받고 싶고, 엄마가 아닌 나란 여자의 멋진 삶을 꿈꾸기 때문이다.'

독신이거나 아이가 커서 손이 덜 가면 괜찮다. 그러나 아직 아이들이 손이 많이 가는 시기에는 꼭 배우고 싶고, 꼭 해야만 하는 것에 집중하고 다른 것들은 과감하게 버려야 한다. 너무 과한 열정이 가끔은 독이 될 수 있다.

그래서 삶을 변화시키고 싶은 엄마들에게 '3·6·1법칙'의 첫 번째, 심플하게 3가지 목표를 세우고 우선순위를 정할 것을 추천한다. 아이를 돌보고 밥을 차려야 하는데 할 일이 많아 밤새도록 일을 한다면 가정에 소홀해질 수밖에 없다. 그러므로 딱 3가지 정도만 할 일을 정해서 그 일을 '대충'이라도 완성 짓는 훈련을 하는 것이다. 이것은 완벽이란 단어를 버리고 대충이라도 정한 기한에 끝을 내는 훈련이다. 자칭 완벽주의라 시간이 모자르다고 말하는 사람들이 있다면, "어차피 다음날까지 미뤄도 결과물은 비슷합니다."라고 말해주고 싶다.

내가 정한 기한 내에 일을 끝내는 훈련. 그것을 매일 지속하고 습관화하면 생산성과 질은 자동으로 향상된다. 나는 이것을 깨닫는 데 1년이 걸렸다. 처음부터 잘하는 사람은 드물지만, 꾸준히 하는 사람치고 성장하지 않는 사람은 없다.

나 또한 처음에는 과한 열정과 완벽주의 때문에 하루에 해야 할 일을 모두 실천하지 못하고 실패를 거듭했다. 모든 것을 포기하고 싶어지는 마음마저 들었다. 그러다 욕심을 내려놓고 가볍게 3가지 목표만 정하고 실천해보자는 목표로 전략을 바꿨더니 성공률도 올라가고 성취감도 들게 되었다.

여기에 한 가지 더, 일을 할 때 우선순위를 정하는 것이다. 이것은 성공률을 높이기 위해서도 굉장히 중요하다. 오늘 마쳐야 할 3가지

일 중에서 가장 창의적이고, 집중력이 필요한 일을 최우선으로 놓고 처리하면 그날 하루 목표를 달성할 확률이 훨씬 높아진다.

나는 이런 삶을 1년 6개월간 지속했다. 그러다 보니 이제 습관이 되어 자연스럽게 글을 쓰고, 영상을 만들어 올리고, 아이디어를 적는다. 몸에 밴 것이다. 습관이 들자 아이가 아플 때를 빼고는 일명 '엄라벨(엄마의 워라벨)'을 유지할 수 있게 되었다.

다음은 나의 일주일 스케줄이다. 내가 블로그, 유튜브, 책 쓰기, 블로그 체험단, 서포터즈, 유튜브 광고를 할 수 있는 이유는 하루에

아바라의 12월 일주일 계획표

	월	화, 수	목	금
낮	1. 유튜브 편집 완성 및 업로드 (4시간) 2. 블로그 글쓰기 (1시간)	1. 아르바이트 출근 (8시간) 2. 맛있는 저녁상 차리며 촬영하기 (1시간)	1. 유튜브 촬영하기 (3시간) 2. 블로그 글쓰기 (1시간)	1. 블로그 체험단 및 포스팅하기 (3시간) 2. 유튜브 업로드하기 (2시간)
밤	3. 강의안 준비 (1시간)	3. 촬영 편집 (1시간)	3. 책 쓰기 (2시간)	3. 책 쓰기 (1시간)
토, 일				

1. 유튜브 아이디어 생각하고 대본 프린트로 뽑아서 입으로 중얼거리기(짬짬이)
2. 밤에는 출판 원고 쓰기(2시간)

*주말은 아이들이 기관에도 가지 않아 종일 독박육아이기 때문에 무엇을 하기보다는 아이디어를 생각하는 것에 중점을 둔다. 두 손은 아이들 챙기고, 밥 먹이는 데 써야 하므로.

딱 3가지 목표를 정하고 우선순위를 정했기에 가능했다. 큰 스트레스 없이 하루하루 집에서 내 할당량을 해나가는 연습을 하니 이제는 습관이 되었다. 엄마로서 역할도 하면서 집에서 내 일을 마칠 수 있는 나만의 업무 시스템을 만든 것이다.

매일 6시간의 집중타임

나는 SNS 채널 유튜브와 블로그를 운영하며 방구석에서 돈을 번다. 블로그에 글을 쓰고 유튜브 촬영과 편집을 할 때 나는 사업을 한다는 마음으로 일하고 있다. 비록 조그만 사무실 한 칸 없지만 그래도 괜찮다. 장소와 상관없이 이 순간 나는 사장이 되고 내 꿈을 계획할 수 있다. 돈도 없고 빽도 없는 나에게 무자본 창업인 유튜브와 블로그는 너무나 매력적이다.

사업가로서 본격적으로 일을 하려니 좀 더 효율적인 일 처리 방법이 필요했다. 그래서 여러 시행착오 끝에 3·6·1법칙의 '6'에 해당하는 '집중타임' 갖기를 만들었다.

우리집은 아이들이 9시에 등원해서 2시에 하원을 한다. 그러다 보니 나에게 오전에 주어진 시간은 9시부터 2시까지 총 5시간이다. 이 시간이 나의 온 에너지를 모으는 1차 '집중타임'이다.

이 5시간만큼은 엄마라는 타이틀을 내려놓아야 한다. 엄마인 나와 안 사장인 나를 분리하는 것이다(나 자신을 크리에이터이자 1인 기업이라고 생각한다. 그래서 나는 나를 안 사장이라고 부른다). 그 다음으로 그 시간은 내가 일하는 시간이니 회사에 출근한 거나 매한가지라 생각하고 낮에 약속을 잡지 않는다. 마지막으로 이 시간 동안 집안일은 하지 않는다. 전날 밤에 치울 것은 다 치우고 자고, 혹시라도 집안이 너무 어질러져 있어서 집중을 할 수 없으면 30분 내에 집을 뛰어다니면서 장난감을 정리하고, 청소기를 대충 민다. 그리고 바로 집중타임 패턴대로 일을 시작한다.

매일 입는 편한 옷을 입고 앞머리가 거슬리지 않게 핀으로 고정한다. 맥심커피 한 잔을 탄 뒤 책상 앞에 앉아 파란색 제트스트림 펜과 선물 받은 스타벅스 다이어리를 꺼낸다. 이때 의자에 앉기 전에 화장실은 꼭 다녀온다. 핸드폰은 비행기 모드로 전환한다. 어깨가 아프면 팥 찜질팩을 어깨에 놓고 작업을 시작한다.

늘어지기 쉬운 집에서 돈을 벌겠다라고 하면 이처럼 자신만의 패턴화 작업이 필요하다. 나 역시 처음엔 장소도 시간도 자주 바뀌었지만, 많은 시행착오 끝에 나만의 시스템이 만들어졌다.

'오늘은 무엇을 마실까? 어디 가서 일하지? 뭘 들고 가야 하지?

어디다 메모하지? 뭐 입고 가지?' 이런 고민에 더 이상 시간과 에너지를 쓰지 않는다. 은근히 부수적인 고민들이 우리의 에너지를 은근히 잡아먹기 때문이다. 짧은 시간 안에 해야 할 일이 많은 나는 쓸데없는 고민의 항목들을 모두 없애 버렸다.

사실 별것 아닌 개인적인 작업 패턴을 자세하게 이야기한 건 최근 많은 분과 이야기 나누면서 사람들이 불필요한 데에 에너지를 많이 쓰고 있다는 걸 알게 되었기 때문이다.

사람마다 각자의 에너지 양이 다르다. 어떤 사람은 10시간 일할 수 있고, 어떤 사람은 3시간만 해도 지친다. 나는 6시간이 한계이다. 체력도 집중력도. 그래서 '3·6·1'법칙이다. 집중 가능 시간이 10시간이라면 '3·10·1'법칙, 3시간이라면 '3·3·1'법칙으로 변형해서 적용할 수 있다. 요점은 무엇을 하건 긴 시간을 오래 붙잡는 것보다 최적화된 시간에 불같이 확! 타올라서 집중하고 일을 마무리하는 습관을 만들라는 것이다. 그리고 이를 돕는 것이 작업의 패턴화다.

이것은 특히 엄마들에게 굉장히 중요하다. 엄마가 된 순간부터 우리는 나 말고 다른 인격체들도 보살펴야 한다. 이 존재는 나라는 존재를 잊을 만큼 엄마들에게는 강력한 존재다. 그러니 나란 사람에게 쏟을 수 있는 시간이 조금이라도 생겼을 땐 1초도 흘려보내지 말고 귀하게 여겨야 한다. 그러기 위해서는 고민할 거리를 만들지도 말고, 고민을 하지도 말고, 바로 시작할 수 있는 환경을 만드는 과정이 중요하다.

또한 매일 같은 업무를 보기 위해선 감정 콘트롤도 굉장히 중요하다. 나는 남편과 싸우면 감정 기복 때문에 일에 집중할 수 없어서 일부러 싸우지도 않았다. 기어이 다투게 되면 그날 밤에 공원으로 나가서 혼자 욕하면서 달렸다. 달리다 보면 심장이 터질 것 같고 살아있음을 느끼며 화나는 감정이 조금 누그러졌다. 그러니 남편과 싸울 것 같은 날은 남편을 침대에 눕히고 이불을 덮어준 뒤 불을 꺼주는 게 내 정신건강에 좋다. 또 부정적인 의미로 나를 자극하는 엄마들을 멀리하는 것도 좋은 방법이다.

여러 가지 변수를 제거하고 매일 같은 시간에, 같은 장소에서, 같은 일을 반복하는 습관을 기르는 것, 이것이 집중타임 갖기의 핵심이다.

매일 반복해서 영상을 편집하고, 글을 쓰다 보니 업무의 효율성은 높아졌고 더 많은 일을 더 적은 시간에 할 수 있게 되었다. 예전에 유튜브 편집하는 데 3일 걸렸던 양이 요즘은 3시간 안에 끝낼 수 있게 된 것이다. 이렇듯 반복적으로 하다 보면 실력은 자동으로 따라온다. 매일 할 일을 해나가는 데 몰입해서 살다 보면 어느 날 내가 편집 고수가 되어 있다.

이래서 될까, 내가 되긴 할까? 잡념에 빠져서 오늘 할 일을 미루면 자괴감과 불안감만 커질 뿐이다. 나도 처음부터 자기 확신이 들어서 한 건 아니다. 다만 불안한 마음보다 간절한 마음이 더 컸다. '불안해봤자 어차피 변하는 게 없으니 그냥 닥치고 하자.' 이게 솔직한 심정이었다.

'유튜브 이거 얼굴만 팔리고 잘 안 돼서 망신 당하면 어떡하지? 아니야, 지금 걱정해봤자 어차피 애기 업고 할 수 있는 일은 이것밖에 없잖아? 평생 아르바이트만 할 거야? 아이 낳고 그래, 행복해. 그런데, 한편으로 억울하잖아. 계속 그렇게 꿍하게 살 거냐고! 제발 그냥 하자 좀!'

초반에는 '똘똘한 안 사장'과 '자격지심으로 뒤덮인 애기 엄마' 두 명의 내가 싸웠다. 그것도 방구석에서 아무도 안 만나고 혼자서. 고민하는 그 시간이 괴로웠다. 안 사장이 이긴 날에는 즐겁게 일을 했고, 자격지심 덩어리가 이긴 날에는 집 밖을 뛰쳐나가서 집 앞 쇼핑몰 안에 있는 서점에 가서 책을 읽었다. 할 수 있다고 말하는 책 속에서 위로를 받았고, 다시 힘을 냈다.

5시간의 1차 집중타임 후, 아이들을 데리러 간다. 그리고 아이들에게 집밥을 해 먹이고, 씻기면 저녁 시간이다. 아이들과 놀다가 체력이 다 소진될 때쯤 남편이 퇴근한다. 그러면 나는 1시간의 2차 집중타임을 갖는다. 오전과 낮에 이어서 6시간의 시간을 가질 수 있겠다면 좋지만 내 생활에서 이는 불가능하다. 그래서 남은 1시간을 밤에 따로 갖는 것이다.

아이들을 재우고 일을 하던가 혹여 아이들이 잠들지 않으면 남편에게 맡기고 11시부터 12시까지 다시 1시간 동안 촬영 편집을 하거나 블로그 포스팅을 한다. 처음에는 이게 불가능했지만, 나의 채널이 커지고, 내가 글을 쓰고, 강의하고 나서부턴 남편도 나를 응원해주고 시간적 지원을 해 주기 시작했다(이러기까지 1년 반이 걸렸다. 처음에는 남편이 협조 안 하는 게 정상이니 너무 속상해하지 마시길…).

이렇게 어떻게든 하루 총 6시간은 반드시 나만의 업무시간으로 확보하고 있다. 나는 내 최대치인 6시간을 꽉꽉 채워서 하루하루 내공을 쌓았다. 명심하자. 아무도 내 앞에서 치대지 않는 그 황금 같은 시간, 그 소중한 시간을 무의미하게 흘려보내지 말자. 내가 발전할 수 있는 유일한 시간임을 명심하자. 살까 말까 할 때는 안 사는 게 좋고, 할까 말까 할 때에는 미친 듯이 하는 거다.

이 짓을 로봇처럼 1년 반 반복하다 보니 남편만큼 돈을 벌게 되었다. 통장에 찍힌 숫자를 보며, 비로소 나는 확신이 들었다. 매일 6시간 반복의 강력한 힘을!

아바라의 자투리 시간 활용법

❶ 설거지하면서 필요한 강의를 유튜브 채널에서 찾아 귀로 듣는다.

❷ 지하철이나 버스 안에서 절약 콘텐츠 아이디어를 구상하거나, 오늘 만들 집밥 레시피를 찾아보고 기획한다. 가끔은 미리 기획해 놓은 콘텐츠 대본을 들고 나가서 원고가 입에 붙도록 중얼거린다. 편집을 적게 하기 위해서는 충분히 연습하고 촬영에 들어가는 게 좋다.

❸ 빨래 개면서 타 유튜버들의 강점과 약점을 파악하고, 그것을 분석하면서 본다. 아무 생각 없이 보면 남는 게 없다. 꼭 해당 유튜버가 인기가 있는 이유, 무엇 때문에 떴는지, 어떤 부분이 매력인지 연구하는 자세로 본다. 물론 손은 빨래를 개면서.

❹ 화장실에서 댓글을 달고 피드백을 참고한다. 좋은 아이디어는 앱(구글 킵)에 저장해 놓는다.

하루 1시간은 아이들과 전투적으로 놀기

일을 시작하며 아이들과 함께하는 시간도 딱 정해놓고 있다. 사실 나는 '좋은 엄마 콤플렉스'가 있다. 내가 일을 할 때 아이들이 아프기라도 하면 괜히 미안한 마음에 울컥하기도 했다. 나는 내가 잘되는 것도 좋지만 내 새끼가 우선인 그런 평범한 엄마이다. 그래서 아이들과 물리적으로 함께할 수 있는 집에서 하는 일을 찾은 것이다.

어느 육아서에서 아이와 하루에 30분만 집중적으로 놀아주면 충분하다는 글을 본 적이 있다. 나 역시 이 이론에 동감한다. 부모가 아이들이랑 함께 있는 시간이 길다는 것이 아이와 집중적으로 노는 시간과 같다고 생각하지 않는다. 그래서 나는 아이들과 하루 1시간은 집중을 넘어 전투적으로 놀기로 마음먹었다.

이 1시간 동안 아이들과 미친 듯이 하하, 호호 웃는 전투적인 놀이 시간을 갖고 나면, 그다음 날 내 업무의 집중도가 높아지고, 삶의 만족도 역시 높아졌다.

실제 내 유튜브 영상에서는 아이들과 함께 놀이터에 가는 모습을 많이 볼 수 있다. 나는 욕심쟁이다. 내 머릿속의 멋진 여자와 내 가슴속 좋은 엄마를 모두 놓치고 싶지 않다. 그래서 엄마인 나와 꿈 많은 나는, 온종일 아이와 함께 놀아주는 것보다, 강력하지만 재미있는 1시간 추억 쌓기를 택한 것이다.

아이와 함께하는 시간은 우리 전반적 인생으로 따져보면 절대 길지 않다. 그러니 희생한다 생각하지 말자. 아이 때문에 내 시간이 없다고 원망하지도 말자. 내 시간이 줄어든 것은 사실이지만 분명 없지는 않다. 시간이 줄어들었으면 전략적으로 쓰면 된다. 아이와 함께하는 시간을 제외하고 남은 시간을 모두 내 것으로 만들면 된다.

온전히 당신, 그 자체를 사랑하는 사람이 태어났다. 방귀를 뀌어도 좋다고 웃어주고 씻지 않은 얼굴도 예쁘다며 뽀뽀를 퍼붓는 사람. 그 사람은 3년간 당신과 한시도 떨어지고 싶어 하지 않을 것이다. 그리고 원할 때면 언제든 미친 듯이 놀아줄 것이다. 이 시간은 절대 다시는 돌아오지 않는다. 장담컨대, 이 시간은 당신의 100년 드라마에 가장 아름다운 추억이 될 것이다.

아바라의 공짜로 아이들과 추억 쌓기

❶ 곤충채집 하기. 아이들에게 곤충 생김새도 설명해주고 뛰어놀 수도 있어 참 좋다. 단, 맨손으로 매미를 잡고, 매미를 잡기 위해 나무를 탈 수도 있다는 각오를 해둬야 한다. 단점은 여름을 좋아하던 사람도 여름을 싫어하게 될지도 모른다는 것.

❷ 숨박꼭질 놀이하기. 애들이 정말 숨넘어가게 좋아한다. 단, 너무 좋아하는 놀이라 30번 이상 할 각오로 시작해야 한다.

❸ 놀이터 가서 흙 놀이하기. 소근육 발달과 정서 발달에 좋다. 단, 집 여기저기에서 흙이 밟혀도 짜증 내지 말아야 한다.

❹ 함께 요리하기. 이것도 아이들이 정말 좋아하는 놀이다. 창의력도 높일 수 있어 더욱 좋다. 단, 집은 개판이 되고, 애들을 씻겨야 하는 참사가

반드시 발생할 것이란 점을 알아 둬야 한다.

⑤ 같이 레고 맞추기. 학습적으로 도움이 되고 소근육 발달, 창의력 발달 모두 도움이 된다. 단, 애가 둘 있는 집이라면 둘째가 잠든 시간에 해야 평화가 유지된다. 그렇지 않으면 우는 거 달래고 싸우는 거 말리느라 아무것도 할 수 없을 것이다.

⑥ 상상 놀이하기. 도구가 없어도 얼마든지 재미있게 놀 수 있다. 단, 목이 쉬도록 공룡 소리를 내며 티라노사우루스가 되기도 하고 스스로 견디기 힘들 만큼 귀여운 목소리로 콩순이 동생 콩콩이가 되기도 해야 한다.

⑦ 같이 춤추고 노래 부르기. 내 육아 스트레스까지 날려 버릴 수 있다. 단, 아이들이 너무 흥분해서 귀에서 이명이 들리고 옆집에 사과를 해야 할 일이 생길 수 있다.

⑧ 공원 가서 같이 운동하기. 아이들 건강과 내 건강도 덤으로 증진시킬 수 있다. 단, 뻥 뚫린 공원에서 사람이 있던 없던 애들과 스쿼트도 하고 런지도 하며 받는 주변의 시선에 의연해야 한다.

⑨ 도서관에 가서 함께 독서하고 영화 보기. 도서관에 가면 문화생활을 무료로 즐길 수 있다. 애들이 좋아하는 뽀로로, 콩순이 등 유명 애니메이션 DVD도 모두 갖춰져 있다. 단, 주말에는 아빠와 함께 오는 집이 많아 화가 치밀 수 있다(저런 남편은 누구네 남편이란 말인가). 그래도 주말에 종일 집에 있으면 더 힘드니 나오는 게 낫긴 하다.

⑩ 박물관 견학하기. 어지간한 박물관은 모두 공짜다. 어린이박물관은 어린아이들을 위한 시설도 매우 훌륭하다. 단, 매점에서 무엇을 사달라 하지 못하도록 매점을 온몸으로 가리고 다니며 도시락을 싸가는 것이 조금 귀찮을 수 있다.

다시 시작할 때,
두려움보단 무식함이 필요해

경단녀 끝내기, 결국 열쇠는 나였다

큰아이 돌잔치 날 오랜만에 마이크를 잡았다.

"감사합니다."

이렇게 한마디를 하고 말을 이어나가지 못했다. 사람 많은 관광지에서 마이크를 잡고 2시간씩 말을 했던 나였는데, 이런 내가 낯설었다. 1년 사이에 나는 너무 많이 변해 있었다. 다시 시작한다는 것은 생각만큼 쉽지 않았다.

20대 때에는 좋은 회사에 취업해서 연봉도 많이 받고, 부모님의 자랑이 되고 싶었다. 엄마가 되고 나선 무엇이든 좋으니 그냥 내 손으로 돈이 벌고 싶었다. 당당하게 내 손으로 돈을 벌어서 부모님께 용돈을 드리고, 티셔츠 하나를 사더라도 내 돈으로 사고 싶었다. 그래서 나는 다시 시작했다. 두려웠지만, 무식하게 두려움을 발로 뻥차버리고 앞으로 나아갔다. 그리고 가족과 지인들에게 공표했다. 나는 내 힘으로 돈을 벌겠다고.

말의 힘은 대단하다. 나를 움직이게 하고 포기할 수 없게 만든다. 왜냐고? 일단 내뱉으면 창피해서라도 어떻게든 하게 되기 때문이다. 그러니 숨기지 말고, 일단 공표하라! 그것이 자기 자신을 가장 열심히 최선을 다하게 만드는 최고의 수단이 될 수 있다. 경단녀여, 엄마라는 알을 깨고 세상 밖으로 나오자.

엄마 알깨기 1. 마술사 되다

아이가 크면 나는 어떤 일을 다시 시작해야 할까? 머릿속에서 이 고민이 떠난 적이 없다. 나는 일을 해야 살 수 있는 사람이었고 밖에 나가야 힘이 나는 사람이었다. 내 힘으로 돈을 벌고 싶었다. 큰아이 돌이 지날 무렵 무언가를 안 하면 미쳐 버릴 것만 같았다.

아이를 키우기 전에는 아이가 돌쯤 되면 당연히 복직할 수 있을 거라고 생각했다. 하지만 그것은 오산이었다. 돌이 된 내 새끼는 간신히 발 한 짝 떼는 일 정도밖에는 할 수 없었다. 엄마의 품이 너무나 필요한 시기였다. 그런 아이를 맡기고 2박 3일, 3박 4일 투어를 나설 용기가 나지 않았다. 그래서 난 내 직업을 포기했고, 아이를 키우며 돈을 벌 수 있는 일을 시간이 날 때마다 찾기 시작했다.

인터넷을 검색하고 또 검색했다. '주부가 할 수 있는 일', '아이 돌보며 할 수 있는 일'. '주부 아르바이트', '주부 부업' 등을 키워드로 매일 찾아봤다. 그런데 알아보면 알아볼수록 혼란스러웠다. 솔깃해서 들어가 보면 다단계가 대부분이었다. 그러다 알게 된 게 초등학교 방과 후 수업 강사였다.

당시 큰아이가 원에 가 있는 시간이 9시부터 4시 반이었다. 보통 방과 후 교사는 1시부터 4시 40분까지 수업한다. 이 점이 내게는 너무 매력적이었다. 엄마들은 얼마를 버는지도 중요하지만 몇 시까지 일하는지도 굉장히 중요하다. 내게 맞춘 듯 딱 좋은 시간에 도전해 볼 용기가 생겼다.

방과 후 교사이니 특정 과목에 대한 전문 지식이 있어야 했다. 어떤 과목을 선택할지, 어디서 배울지 찾기 시작했다. 학교마다 지역마다 인기 있는 과목이 달랐다. 나는 인기도 있고 재미있는 과목을 가르치고 싶었다. 방과 후 수업은 학원처럼 학생당 수업료를 받기 때문에 이왕이면 많은 학생을 유치할 수 있는 과목을 가르치고 싶었다.

매일 시간이 날 때마다 검색하다 우리 지역에서 마술강사를 모집

한다는 글을 보았다. 마술이라면 아이들도 등록을 많이 할 것 같았다. 아직 어떤 과목을 해야 할지 고민 중이었기에 당장 달려가 신청을 했다. 그날부터 마술을 배우게 되었다.

비둘기가 푸득거리는 마술학원에서 나의 마술강사 삶이 시작되었다. 마술을 배우고 집에 돌아가서, 돌 지난 큰아들을 아기띠로 둘러업고 연습했다. 카드를 들고 카드 마술을 하고, 링 마술을 연습하고, 빨간색, 노란색, 초록색 천을 들고 마술사 특유의 제스쳐를 익혔다. 마술에 '마'자도 모르던 아기 엄마의 필사적인 노력이었다.

잠깐 마술도구를 놓아두면 알록달록한 마술도구는 어느새 큰아들 손에 가 있었다. 아이는 만지고, 물고, 빨고, 찢고 널브러뜨렸다. 손에 쥔 것을 뺏으려면 울고불고해서 연습 한번 하려면 난리도 그런 난리가 없었다. 순간순간 욱하는 감정이 밀려오고 내적갈등이 일어난 날도 많았다. 애를 다시 뱃속에 넣을 수도 없는 노릇이고, 다시 등에 아이를 묶어놓고 연습을 했다. 어깨는 좀 뻐근했지만 애를 업고라도 연습할 수 있어서 좋았다.

멘트와 마술 연습을 마친 후 퇴근한 신랑에게 항상 시연했다. 초반에는 응원하던 신랑도, 마누라가 퇴근만 하면 매일같이 마술을 보라고 하니 피곤해했다. 그래도 기죽지 않았다. 나는 이것을 배우면 일할 수 있다는 기대감에 이미 에너지가 생겼기 때문이다.

드디어 서류를 접수하는 시즌이 왔다. 연초 방과 후 선생님은 이력서를 직접 학교에 가서 돌려야 한다. 나는 애를 카시트에 태우고 학교 50군데에 이력서를 돌렸다. 마치 첫 직장을 구하는 마음으로 서류를 작성했고, 마음 담아 이력서를 제출했다. 그러나 결과는 절망적이었다. 딱 2곳에서 전화가 왔고 면접의 기회가 주어졌는데, 그것조차 탈락하고 말았다.

학교는 생각보다 보수적인 곳이었다. 경력이 없는 나를 뽑아줄 리만무했다. 그래도 포기하지 않고 마술을 배우며 계속 이력서를 돌렸다. 그러다 나에게 행운이 찾아왔다. 개학을 1주일 앞둔 시점에 같이 준비하던 선생님 중 한 분이 사정이 생겨 합격한 곳에서 일하지 못하게 된 것이다. 선생님은 그 학교에서 공고가 날 거라고 알려주셨다. 나는 서류를 넣었다. 급하게 진행된 면접이어서 지원자가 적었다. 덕분에 나는 합격. 끝까지 버틴 끝에 기회를 잡은 것이다.

그렇게 한 학교에 수업을 다니던 중 면접을 봤던 다른 학교에서 연락이 왔다. 기존 선생님이 그만두게 되었는데, 내가 면접 2등이었다는 것이다. 혹시 하실 수 있냐는 학교의 전화를 받고 뛸 듯이 기뻤다. 두 곳을 다니다가 2학기가 되어 또 한 학교에서 중간에 공석이 났다. 결국, 1년 안에 3곳의 학교에서 수업을 하게 되었다. 당당히 월 100만 원을 월수금 100분씩 일을 해서 벌게 되었다. 학교마다 다른 날 돈이 입금되었는데, 그 당시 급여 날만 되면 통장을 들고 은행에 가서 통장정리를 했다.

1월 5일 **초등학교 300,000원

1월 10일 **초등학교 350,000원

1월 25일 **초등학교 350,000원

통장에 찍힌 입금 명세를 확인하면 그렇게 뿌듯할 수가 없었다. 한 달에 3번 용돈을 받는 느낌이었다. 내가 살다살다 마술로 돈을 벌다니, 내 힘으로 애를 보며 돈을 벌다니! 참 재밌었다.

대부분 자신은 잘하는 것도, 좋아하는 것도 없다고 말한다. 나는 마술을 좋아하지도, 잘하지도 않았다. 그저 내 손으로 당당하게 돈을 벌고 싶었을 뿐이다. 학위가 있어야만 도전할 수 있는 것이 아니다. 긴 시간 동안 공부를 해서 전문 지식이 축적되어야만 인정받는 것도 아니다. 간절한 사람이 해내는 것이다. 나는 이 방과 후 선생님을 계기로 자신감이 붙었다.

'아, 나도 할 수 있는 사람이구나! 하면 되는구나!'

방과 후 선생님 2년 차, 새 학기가 들어가기 전에 학교에 제출할 이력서를 준비하다가 문득 계속 면접을 보면서 사는 게 맞는 것인지 의문이 생겼다. 방과 후 선생님의 시간과 급여 모두 만족스러웠지만, 아이가 더 클 때를 생각하니 좀 더 안정적인 일자리를 갖고 싶었다. 주변에 공무원이나 공기업에 다니는 지인들이 부러워지기 시작했다. 게다가 당시 나는 둘째를 갖고 싶어 임신 준비 중이었다. 둘째가 생기면 새로운 것을 배울 기회의 시간이 더 멀어질 것만 같았다. 고민 끝에 결단을 내렸다. 다시 새로운 것에 도전하자!

엄마 알깨기 2. 강의실에서 유축하며 사서 학위 따다

아이를 낳고 책을 자주 접하게 되었다. 아이에게 책육아를 하기 위해 도서관에 자주 찾았고, 그러면서 나도 육아서와 경제서에 푹 빠졌다. 매일같이 들락거리는 도서관, 이곳에서 일하는 사서가 되면 어떨까? 둘째 임신 준비를 하며, 애 둘을 키우며 일하는 엄마들의 직업을 살펴보니 교집합은 공무원이었다.

공무원에도 종류가 여럿이었다. 다소 장벽이 높아 보이는 공무원직을 살피다가 사서 공무원이 눈에 띄었다. 도서관에서 일하는 공무원이었다. 나는 바로 사서 자격증 취득을 위해 학점은행제로 운영되는 대학교의 문헌정보과에 입학했다. 다른 전공과 다르게 문헌정보과는 학점은행제로 수업을 들어도 반드시 학교에 가야 했다. 그래서 1년간 엄마의 대학 생활이 시작되었다.

아침부터 정신없이 큰아이를 원에 보내고 나도 학교에 가서 수업을 듣는 생활을 반복했다. 조금 피곤했지만, 새로운 것을 배우고 내 자리에서 여유롭게 커피를 마시며 수업을 듣는다는 게 행복했다. 그러다 감사하게도 1학기 중반쯤 둘째를 임신했다. 출산예정일을 계산해보니 2학기 기말고사쯤이었다. 둘째여서 그런지 두려울 게 없었다. 아프다고 애가 바로 나오는 것도 아니니 일단 끝까지 해보기로 했다. 그렇게 출산 막달까지 수업을 열심히 들었다. 오전 10시부터 4시까지 수업을 듣다 보면 배가 당기기 일쑤였지만, 그렇다고 이제 와서 포기할 순 없었다. 절대 포기할 수가 없었다.

"자네는 언제가 출산일인가?"

마주치는 교수님마다 나의 남산만 한 배를 보고 물으셨다.

"네, 내일 낳으러 갈 겁니다!"

그리고 다음 날 정말 둘째를 낳았다. 출산 전날까지 일하는 사람도 있는데 그까짓 수업이 별거냐 싶었다. 문제는 기말고사. 출산하고 다음 날부터 기말고사를 준비해야 했다. 산후조리원에 앉아서 시험공부를 했고 대학교 강의실에서 유축을 하고 기말고사를 보았다. 어렵게 나는 '출산'과 '학위' 두 마리 토끼를 동시에 잡았다.

20대의 나라면 방과 후 선생님과 사서라는 직업에 관심도 없었을 것이다. 결혼을 하고 육아를 하면서 내가 보고 듣는 주변의 환경이 변했다. 그에 따라 추구하는 가치관도 달라졌고 자연스레 하고

자 하는 꿈도 변했다.

결혼 후, 도전한 나의 직업은 방과 후 마술선생님, 사서, 공무원, 유튜버, 블로거, 강사 등이다. 이 모든 직업은 20대 때 하던 일과는 별개의 직업군이다. 전공과도 무관하다. 이 중에도 컴맹에 기계치인 내가 유튜버가 된 것은 지금도 믿기지 않는다.

엄마가 된 후에도 대학교 전공과 기존에 일했던 분야에만 집착했다면, 나는 아직도 아무것도 하지 못했을 것이다.

현재 내가 아무것도 하고 있지 않다면 미래의 내 모습도 똑같을 것이다. 반대로 지금 굉장히 어설픈 실수투성이여도 조금씩 배우고 노력하고 있다면 미래는 조금씩 변화할 것이다. 내 안의 한계를 깨는 것은 결국 나 자신만이 할 수 있는 것이다.

엄마 알깨기 3. 공무원 시험 도전, 실패의 쓴 맛을 보다

어렵사리 취득한 사서 자격증, 이제 사서 공무원이 될 차례다. 사서 공무원 시험준비에 돌입했다. 매일 4시간 정도 친정엄마에게 아이들을 맡기고 독서실에 뛰어갔다. 정말 뛰어갔다는 표현이 정확하다. 1분 1초가 아쉬운 상황이었다. 하루에 10시간씩 공부하는 사람들이 넘쳐 나는 공시판에서 애 둘 달린 엄마가 살아남으려면 뛸 수밖에 없었다.

모든 시험이 그렇지만, 공시 역시 혼자만의 싸움이었다. 게다가 나는 다른 사람들보다 공부를 덜 하고 있다는 생각에 늘 불안했다. 그래서 1분, 1초라도 더 공부할 수 있도록 남편이 퇴근하고 돌아올 시간이면 가방을 싸고 대기하고 있다가 비밀번호를 누르는 소리가 나면 바로 가방을 메고 신발을 신었다. 그리고 독서실에 뛰어갔다. 고3때 이렇게 공부했으면 서울대 갔을 것 같다. 어쨌든 낮에는 육아하고 밤에는 공부하고, 엄마로서 공시생으로서 최선을 다했다. 그렇게 8개월 정도 공부를 하고 시험을 봤다.

결과는 불합격이었다. 점수는 합격과는 거리가 멀었다. 미친 듯이 공부했기에, 다시 시작할 에너지도 나에게 남아 있지 않았다. 시험점수를 확인하고 이런 점수를 받으려고 젖먹이를 떼어두고 뛰었나 하는 생각이 제일 먼저 들었다. 어린 둘째에게 어찌나 미안하던지 한없이 눈물이 났다. 공부한 것이 너무나 아까웠지만, 후회는 없었다. 그렇게 공무원 시험 도전의 실패를 맛보고, 다시 한번 나를 돌아보았다.

'내가 진정으로 원하는 게 뭐지? 진짜 하고 싶었던 게 뭐였지?'

솔직히 공무원은 직업 자체가 좋다기보다는 아이 둘을 키우며 안정적인 일을 하고 싶어 택했다. 언제 잘릴지 모르는 아르바이트 말고 내 자리가 있는 직장인이 되고 싶었던 거다. 나한테 솔직해지니 더욱 공부하고 싶지 않았다. 결국 난 공무원 시험을 포기했다. 도전을 한다고 무엇이든 100% 성공할 순 없다. 이런 실패의 경험을 통해 내 마음 한편에 굳은살이 생겼다. 더 단단해진 것이다.

미래에 아이들이 살아갈 세상은 한 명이 8가지 직업을 가져야 한다고 한다. 다양한 일을 하기 위해서는 다양한 경험을 해봐야 한다. 아이들은 엄마를 보고 자란다. 나는 꿈이 있는 엄마다. 엄마가 다양한 도전을 하고 고군분투하는 모습을 보고 아이들도 느끼는 것이 있을 것이다. 나는 아이들에게 교육열이 넘치는 엄마보다 본인의 인생에 최선을 다하는 엄마가 되고 싶다.

실패하고 슬퍼하는 감정도 성공에 들떠 기뻐하는 감정도 아이들과 꾸밈없이 공유했다. 내가 공무원 시험을 보고 성적이 엉망으로 나와 소리 내어 꺽꺽 울 때에도 나를 위로해준 건 아이들이었다. 유튜브로 구독자 1만 명이 넘은 날, 너무 좋아 "끼야!" 함성을 질렀을 때도 아이들과 그 기쁨을 함께 나눴다. 엄마 경력 7년, 나는 아직 어설프다. 가끔은 삽질을 해서 울기도 하고 제대로 적중해서 웃기도 하는 그런 내 감정을 아이들과 공유하며 함께 성장하고 싶다.

예전에 맞던 옷들이 골반이 넓어져 버려야 하나 말아야 하나 3년 고민 끝에 둘째를 임신하고 버렸다. 둘째를 낳으면 내 골반은 더 커진다는 것을 인정했기 때문이다. 깜빡깜빡 건망증이 생겼고, 잘 기억이 나지 않아서 3번 보고 외울 것을 10번 보고 외우게 되었다. "그거, 있잖아 그거!" '그거'만 외치다 대화를 끝내는 그런 사람이 되었다. 인정할 건 빨리 인정하자. 이제 우리의 육체, 정신, 지능은 예전과 다르다. 그런데 괜찮다. 3배 더 노력하면 되니까. 잃은 게 분명 있지만, 그것보다 몇 배 값진 엄마파워가 생겼으니까.

삶의 크기는 그 사람의 꿈 크기와 비례한다고 한다. '내가 무엇을 할 수 있을까? 내가 할 수 있기는 한 걸까?'라는 질문을 스스로 백번은 한 거 같다. 그리고 '아니, 넌 할 수 없어.'라는 답 대신, '안되면 뭐 어때? 또 다른 거 하면 돼. 쫄지 마! 너, 목숨 걸고 애도 낳은 여자야. 인생 길어. 뚱뚱하면 좀 어때? 약간 버벅거리면 좀 어때! 괜찮아. 넌 할 수 있어.' 내가 나에게 이렇게 말해주지 않았다면 지금의 나는 없었을 것이다.

너무 움츠러들 필요는 없다. 내가 꿈꾸는 만큼 재밌고 신나는 일들이 내 삶 속에 계속 펼쳐질 거라고 믿어야 한다. 그러기 위해선 지금 이 순간 익숙한 일상에서 벗어나 낯선 세상에 발을 담가 보아야 한다. 또 누가 알겠는가? 내 인생 2막에 상상치도 못한 일들이 일어날지.

30대부터가 진짜 시작이다

　나는 그 어떤 것이라도 내가 좋고 재밌다고 생각하면 거침없이 시작하는 성격이다. 이 점만큼은 나의 큰 강점이라고 자신있게 말할 수 있다. 그래서 다른 사람들에게, "하고 싶으면 해봐! 인생 뭐 있어? 죽으면 흙으로 돌아가는데. 해봐!"라고 조언하곤 했다. 그런데 알고 보니 이 시작이 간단한 문제가 아니었다. 시작이라는 어려운 관문을 통과하기 위해서는 자신에 대한 믿음, 실패해도 괜찮다는 마음가짐이 먼저 뒷받침되어야 했다.

　시작이 두려운 이는 결국 타인의 평가와 시선이 두려운 것과 연결된다. 이런 걸 하는 나를 이상하게 볼 것만 같고, 내 실패가 비난받을까 두려워한다. 나 역시도 방과 후 미술수업을 한다고 했을 때 비웃은 사람들이 많았다. 가장 가까운 가족들부터 "네가 무슨 미술이냐?"는 반응이었다. 이런 말에 상처를 안 받았다면 거짓말이다. 그렇다고 그들의 평가로 내 삶의 선택을 결정하고 싶지 않았다. 일을 시작하기도 전에 타인의 시선과 반응을 무시할 수 있는 용기가 우선 필요했다.

　나에게 부정적인 충고나 이야기하는 사람들 대부분은 그 일을 해보지 않았거나, 짧게 하고 그만둔 사람이다. 간단하게는 그런 이를 무시하면 된다. 무시할 용기가 없다면, 피하면 된다. 그리고 명심하기 바란다. 부정적인 사람은 내가 무엇을 한다고 해도 부정적으로 대답한다. 알지 않는가. 그 사람이 어떤 사람인지. 괜히 그런 사람에게 조언을 구하고 상처받지 않았으면 좋겠다.

내가 유튜브를 한다고 말을 했을 때도 "내가 광고 보면 너한테 돈이 들어오는 거냐? 그렇게 얼마나 버냐?"는 식으로 아니꼽게 대답하는 이가 있었다. 그 사람에게 구독을 해달라고 한 것도 아니었고, 영상을 봐달라고 부탁한 적도 없었다. 그런데 그런 식으로 말하는 것이 너무 당황스러웠다. 근 1년간 미친 듯이 노력한 나의 유튜브 채널을 저렇게 표현하니 속으로는 부글부글 화가 났다. 그러나 침착하게 "얼마 못 벌어요." 이러고 피했다. 그 사람은 어딜 가나 그럴 사람이다. 내가 아르바이트한다고 해도, 내가 장사한다고 해도, 내가 공부한다고 해도 좋게 보지 않을 사람인 것이다. 나를 미워해서 그러는 게 아니라 원래 태생이, 말투가 그런 사람들이 있다. 그것을 알기에 참았다.

10대 때에는 같은 공간에서 같은 목표를 향해 뛰었다. 20대 때에도 같은 전공을 가진 친구들과 취업을 위해 정보를 나누고 고민을 나눴다. 30대부터는 진짜 게임이 시작된다. 서로 다른 인생을 살게 된다. 어떤 친구는 결혼했고, 어떤 친구는 아이를 낳았다. 어떤 친구는 과장으로 승진했고, 어떤 친구는 장사를 시작했다. 모두 다른 목표를 향해, 다른 인생을 살아간다. 그러다 보니 가끔 만나는 친구들과 예전만큼 할 얘기가 많지 않다. 서로 관심사가 이젠 너무나 달라져 할 말이 없어진 것이다.

20대까지 비슷한 또래 집단과 성적으로 승부를 봤다면 30대부터는 자기 자신의 도전 여하에 따라 인생이 달라진다. 어떤 친구는 20대보다 더 멋진 삶을 살기 위해 미친 듯이 노력을 한다.

나는 10대 때보다, 20대 때보다 30대에 더 멋진 나로 살고 싶다. 목표의 크기, 열정의 무게, 진취적인 삶을 향하는 삶의 태도는 결국 30대부터 시작인 것이다. 이젠 내 멋대로 모든 걸 할 수 있다. 더 이상 부모님, 선생님, 교수님 눈치를 볼 필요가 없다. 착한 딸, 착한 학생 콤플렉스에서 벗어났다. 나의 인생을 위해 내가 하고자 하는 것을 위해 그냥 달린다. 그러면 된다.

대개는 30대가 되면 열정의 무게가 가벼워지고 익숙함에 젖어 산다. "쟤도 저러고 사는데 나도 이러고 사는 게 뭐 어때."라고 자기 위안을 하지 말았으면 좋겠다. 이제부터가 진짜 시작이다. 난 다 뒤엎어버리고 내 인생의 역전을 위해 달리고 있다. 평생 단 한 번도 1등을 해본 적 없지만 상관없다. 남은 삶이 길다.

불편한 자존심, 마음의 훈련이 필요해

경단녀로 다시 사회에 발을 딛기 위해 무언가를 시작할 때, 여러 가지 도전을 하면서 느낀 점이 있다. 바로 불편한 자존심이다. 새로운 것을 배우는 것보다 어려운 것은 나보다 어린 사람들에게 고개를 숙여야 한다는 것이었다. 사회 초년생 때는 내가 가장 어렸다. 그러다 보니 나의 능력을 평가받고 때로는 조금 혼나고, 안 좋은 소리를 들어도 나보다 윗사람이니깐 참을 수 있었다.

아이를 낳고 다시 사회에 진출할 때 첫 번째 관문이 면접이다. 나는 정말 많은 면접 경험을 했다. 대부분 면접관이 나와 나이가 비슷하거나 그렇게 크게 차이가 나지 않았다. 20대 때의 면접과는 달랐다. 나와 비슷한 동년배에게 면접을 보게 되는 당황스러운 상황, 마음의 준비가 필요한 이 이야기를 나에게 아무도 해주지 않았다.

"경단녀여, 다시 시작해라! 다시 꿈을 가져라!"

이런 이야기는 많이 들었지만, 그 안의 숨은 고충에 대해 말해주는 사람은 없었다. 나와 동년배에게 면접을 보는 것은 유쾌하지만은 않았다. '벌써 세월이 이렇게 흘러 내 또래가 면접관이구나, 나는 뭐했나.' 이런 속마음과 상관없이 또래 면접관에게 나를 어필하기 위해, 잘 보이기 위해 하는 내 행동이 너무 속이 상했다.

'이래서 사람들이 자기 사업을 하려고 하는구나, 나이 먹고 어린

사람 아래서 일하는 걸 힘들어하는구나.'

이런 생각까지 들었다. 면접에서 뭔가 자존심이 상할 만한 질문을 받았느냐 하면 그런 적도 없다. 그런데도 그랬다. 그냥 마음이 그랬다. 내 마음의 변화가 필요했다. '마음을 고쳐먹어야 했다.'라는 표현이 가장 알맞았던 거 같다. 내 마음의 변화가 없으면 내 삶에도 변화가 없음을 깨달았다. 이대로 있다간 그저 남에게 고개 숙이기 싫어하는 고집 센 아줌마일 뿐이었다.

'사회는 나이가 전부가 아니다. 경험이고 능력이 중요하다. 그들은 그 경력을 쌓기 위해 얼마나 긴 인고의 시간이 있었겠는가. 나는 그들에게 배우러 온 사람이다. 나는 다시 사회 초년생이 된 것이다. 자존심을 버리자. 괜한 고집을 버리자. 마음을 고쳐먹자. 그래야 새롭게 시작할 수 있다.'

내 마음을 달랠 때 혼자 되뇌던 말들이다. 이런 이야기를 쓰는 게 사실 부끄럽고 창피하다. 그래도 나와 같은 사람이 분명 있을 것이다. 그래서 당신만 그런 슬픈 감정, 답답한 감정을 느낀 게 아니라고 말해 주고 싶었다. 그 마음을 다잡기 위해 나 역시 오늘도 마음 훈련을 한다.

돈 되는 공부를
시작하다

　학창 시절, 나의 성적은 중간이었다. 모범생도 아니고 그렇다고 반항아도 아닌 그저 평범한 학생이었다. 그러던 내가 아이를 낳고 새벽에 졸린 눈으로 공부를 시작했다.

　10대 때는 왜 공부를 해야 하는지 몰랐다. 다들 좋은 대학에 들어가야 한다니깐 그러려고 공부했다. 근데 왜 좋은 대학에 들어가야 하는지도 정확히 몰랐다. 그저 좋은 대학에 들어가면 부모님이 좋아하시고 학교에서 인정받고 성공한다니까 그래야 하는 줄 알았다.

　대학에 입학해서는 좋은 회사에 입사하기 위해 또 공부했다. 각종 어학 성적과 컴퓨터 자격증을 따기 위해 노력했다. 내가 어떤 일을 좋아하는지, 어떤 것을 해야 행복한지 묻지 않고 또 주변 환경에

순응한 채 취업전선에 뛰어들었다. 그게 맞는 줄 알았다. 아니 그게 정답인 줄 알았다. 나의 20대는 참 치열했지만 이유도 알지 못한 채 무식하게 앞만 보고 달리는 경주마였다.

20대 후반, 첫아이를 낳고 후회가 들기 시작했다.

'왜 나는 미친 듯이 놀지도 못했지? 왜 난 그토록 자유로울 때 더 많은 세계를 돌아다니지 못했지? 왜 난 남들의 시선을 의식하고 살았던 거지? 난 도대체 무엇을 배운 거지?'

30대가 되자 주변에 공부하는 사람은 점차 줄어들었다. 다들 사는 게 바쁘고 아이 키우는 데 하루가 모자란다는 이야기를 했다. 나는 반대로 30대가 되고, 엄마가 되어 더 다양한 지식을 쌓기 위해 공부를 하기 시작했다. 자격증 공부도 했고, 한국사능력시험, 문헌정보학과 학위 취득, 심지어 영상 편집까지 배웠다.

엄마였기에 도전한 것들이다. 엄마의 공부는 재밌다. 이 공부들이 나의 능력치를 높여주고 바로 돈이 되기 때문이다. 다양한 도전으로 나름 터득한 나만의 '돈 되는 공부법'을 소개하겠다.

돈 되는 공부법 1. 책 속에서 돈이 되는 지식을 뽑아내라

나는 사서라는 직업을 꿈꿀 정도로 종일 도서관에 살면서 책을 읽었다. 그런데 내 삶은 조금도 달라지지 않았다. 왜 나의 삶은 변하지 않는 것일까? 하루에 한 권을 읽을 정도로 책을 좋아하는 나였지만, 며칠이 지나면 책의 내용이 가물거릴 정도로 기억이 나지 않았다. 그저 내 감정의 탈출구로만 책을 읽는 느낌이었다. 어느 순간 책을 많이 읽는다고 인생이 변하진 않는다는 것을 깨달았다. 그래서 독서 전략을 바꾸기로 했다.

결론부터 말하면 나는 어떤 한 분야를 섭렵하기 위해서 20권의 책을 읽고, 그중에서 제대로 된 책 5권을 선별하여 미친 듯이 파면서 공부한다. 이게 나의 첫 번째 돈이 되는 공부법이다. 공부 방법은 다음과 같다.

일단 관심 분야 키워드를 도서관에서 검색한다. 이때 한 도서관으로는 부족하고, 도서관 3군데 정도를 돌면서 관련 도서를 모조리 찾아서 속독한다. 관련 주제 책을 20권 이상 읽다 보면, 그중에서도 내용과 사례가 풍부하고, 저자의 신뢰도가 높으며, 정리가 잘되어있는 책들이 눈에 띈다. 그럼 그때 5권을 선별한다. 혹시 속독이 힘들다면 책의 목차와 내용을 확인하고 블로그나 인터넷 서점을 통해 20권의 리뷰를 읽어보자. 그러면 마음에 드는 책 5권을 고르는 것은 어렵지 않을 것이다.

5권을 골랐다면 그중에서도 가장 쉽지만 내용에 구멍이 없다고 생각되는 책 1권을 정한다. 이때 선정한 책에는 다른 책이 담고 있는 모든 내용이 들어가 있으며 기본이 탄탄하고 쉬운 책이어야 한다. 이 1권은 나의 교과서가 된다. 교과서를 정했으면, 일단 알라딘 중고서점에 가서 책이 있으면 중고로 산다. 없다면 포인트를 모아서 새 책을 구매한다. 구매한 책에 밑줄 긋고 표시해 외우고 익힌다. 이렇게 나의 기본기를 다진다.

이제 내 지식에 살을 붙일 문제집이 필요하다. 우리가 학창 시절 공부할 때 심화 문제나 연습을 위해 필요했던 그런 문제집 같은 책을 4권 선별한다. 어떤 책은 저자의 마인드, 어떤 책은 실용적인 부분, 어떤 책은 경험담 등 필요한 부분을 발췌하고 그것을 나만의 스타일로 정리한다.

분야와 지식의 깊이에 따라서 다르겠지만, 제대로 된 책 5권이면 웬만한 분야의 기본은 충분히 알 수 있다고 생각한다. 내가 유튜브 강의를 할 때도 이런 방식으로 시중에 나와 있는 유튜브 관련 서적 중 5권을 정해서 그것을 파고들었다. 각 도서마다 독자에게 전달하고자 하는 메시지나 지식의 갈래가 조금씩 다르니 그것을 나만의 노트에 내가 필요한 정보를 빼낸다는 식으로 정리해나갔다. 5권의 책을 여러 번 반복해서 읽은 뒤, 핵심 포인트를 정리하고 가공하여 나만의 무기로 재탄생시켰다.

타인에게 내 지식을 설명하기 위해선 더 자세히 그리고 정확히 알아야만 한다. 그래야 쉽게 설명할 수 있다. 이렇게 5권의 책을 독파하면, 자신감이 생긴다. 전문가가 내 앞에 와도 이 5권 책 안에 있는 내용을 자신 있게 말할 수 있을 정도로 공부하면 두려울 것이 없다.

이것이 바로 컴맹인 내가 강의료를 받으며 강의할 수 있는 비결이다. 책을 한 번 읽으면 휘발성이 강하지만 '이 책을 공부하고 씹어 먹겠다'라는 각오로 수차례 읽고 생각하면 내 것이 된다.

나는 현재에도 이런 학습방법으로 내가 원하는 지식을 얻고 있다. 자기계발서나 육아서는 머리를 식힐 겸 읽지만, 이렇게 지식을 얻고자 하는 책은 반드시 '나만의 베스트 5'를 선별해서 공부한다.

남들이 하는 방식을 무작정 따라가지 말고 자신의 환경과 상황에 맞는 공부법을 항상 연구해야 한다. 머리가 좋지도 않고, 늘 홀로 아이를 봐야 하기 때문에 절대적 시간이 부족한 나에게는 '5권만 제대로 패는 공부법'이 최적화된 돈 되는 공부법이다.

돈 되는 공부법 2. 유튜브로 공짜 인강 듣기

'학원을 다닐까? 하지만 애도 어리고 학원비도 너무 비싸잖아.'

유튜브를 막 시작할 때는, 편집학원 하나 제대로 다닐 수가 없었다. 아이를 업고 가야 하는 제약도 있었지만, 유튜브 시작한 지 얼마 되지도 않았는데 거금을 들여서 돈을 투자할 여유가 없었다.

안 되면 되게 하라. 나는 유튜브를 통해 나만의 유튜브 선생님을 찾아 다녔다. '영상 편집 선생님', '유튜브 마인드 선생님', '유튜브 마케팅 선생님' 등등 그들은 내가 누군지 모르지만 나는 혼자 나만의 선생님을 만들었고, 그들에게 배우기 시작했다.

최근에는 다양한 분야의 전문가들이 유튜브에 진입하고 있다. 과거라면 돈을 내야 들을 수 있는 정보들도 요새는 매우 쉽게 얻을 수 있다. 나는 이런 꿀 정보를 취합하고 그에 대한 강좌를 내 재생목록에 넣었다(유튜브에는 원하는 영상을 모아 볼 수 있는 재생목록이라는 기능이 있다).

내가 필요한 정보의 재생목록을 살림 하면서 라디오처럼 반복 청취했다. 아이 우유를 먹이면서도, 설거지를 하면서도 유튜브로 반복 시청했다. 이제 막 유튜브를 시작한 유튜버에게는 질문에 대한 친절한 댓글도 받을 수 있었다. 이 모든 것을 공짜로 할 수 있다니 신기하기만 했다. 유튜브 편집 역시 모두 무료로 배워서 익혔고, 편집 앱조차 무료 버전으로 썼기에 나는 무일푼으로 영상에 관한 모든 것을 해결했다.

요즘은 친절하게 편집을 알려주는 유튜버들이 더욱 많아졌다. 내가 만약에 지금 유튜브 편집을 공부한다면, 우선 노트 한 권을 준비하고 유튜브 편집 강의 유튜버 중에서 나랑 잘 맞는 유튜버 3명을 정해서 그 사람이 말해주는 모든 편집 기술을 기록하고 정리할 것이다. 그리고 그것을 실행하며 나만의 영상을 제작할 것이다.

이렇게 구독자 1천 명 정도 만든 뒤에 유튜브 편집 강의를 열 것이다. 처음 시작하는 이들에게 가장 좋은 선생님은 지금 막 그 단계를 겪었던 사람이다. 초보 유튜버가 유명 유튜버인 대도서관님에게 유튜브 운영을 물어보는 것보다, 얼마 전에 구독자 1천 명을 만들어 광고수익 창출한 사람에게 배우는 것이 더 쉽고 빠르다. 이렇게 내가 배운 지식을 활용하고 수익화하는 데 노력해 볼 것 같다. 실제 나는 책과 유튜브를 통해서 1년 반 동안 독학을 했고 그 기술을 토대로 글도 쓰고, 영상도 찍어서 광고수익을 창출하게 되었다.

방대한 자료 혹은 영상 중에서 나에게 필요한 알짜배기를 쏙쏙 빼내서 나의 것으로 만들면 된다. 유튜브는 노력하는 자들의 지식 상향화를 돕고 있다. 심지어 무료이다. 어른의 공부는 돈이 된다. 아니, 돈이 되게 만드는 공부를 한다는 게 더 맞는 말인 거 같다.

나는 앞으로 내가 공부한 것, 그 지식을 가공해서 나만의 지식으로 재탄생시키는 생산자의 삶을 살기로 했다. 최근에는 1인 브랜딩, 주부 창업, 세금에 관한 공부를 유튜브를 통해서 하고 있다. 우리는 이런 고급 지식을 스마트폰 하나로 쉽게 얻을 수 있는 세상에 살고 있다. 돈이 꼭 내 수중에 들어오지 않는다고 하더라도 돈을 절약하고, 새어나가지 않는 지식을 얻는다면 이 또한 돈을 버는 것이다.

배우려고 하는 것에서 멈추지 말고, 배운 것을 수익화하려고 하는 연습을 계속 시도해야 한다. 이런 하나하나의 노력이 모두 언젠가 연결고리가 되어 우리의 몸값을 올리는 강력한 무기가 될 거라 믿는다. 엄마의 공부는 돈이 된다. 그래서 나는 평생 공부하기로 다짐했다.

엄마니까
성공할 수 있다

우리는 돈 공부에 관해서 왜 이렇게 관심이 커진 것일까? 나는 결혼 전에도 짠순이긴 했지만, 그래도 사고 싶은 것을 사기도 하고, 가끔 여행도 떠나곤 했다. 돈을 흥청망청 쓰지는 않았지만 그렇다고 지금처럼 매일 집밥을 해 먹으며 절약하고 돈에 대해 고민하며 공부하려고 애쓰지는 않았다.

그랬던 내가 아이를 낳고 엄마가 되면서, 내 가족을 위해, 내 새끼들을 위해 절약을 하게 되었고, 지금처럼 살면 평생 가난하게 살겠구나 싶어서 돈 공부를 시작했다. 그렇게 공부를 하다 보니 나의 가치를 높여서 내 새끼들에게 멋진 엄마가 되고 싶었다.

누구나 성공한 사람이 되고 싶어 한다. 나 역시 그렇다. 그러다 보니 '어떻게 하면 성공할 수 있을까'에 대한 질문을 자주 했고, 그 질문의 답을 찾기 위해서 자기계발서를 읽고 유튜브를 보고 적으며 기록했다.

이런 과정을 반복하다 멘탈이 무너지는 순간도 있었다. 성공하여 돈을 잘 버는 이들의 공통점을 발견하기 어려웠기 때문이다. 그들은 성격도, 자라온 환경도, 성공한 분야도 모두 달랐다. 무엇이 이들의 공통점인가 골똘히 생각한 결과 한 가지 비슷한 점을 찾게 되었다. 바로 그들은 자기 자신을 너무나 잘 알고 있다는 점이다.

그들은 본인이 어떤 강점이 있고, 약점이 있는지 알고 있었다. 그래서 자신의 강점을 부각하고, 약점은 조력자에게 조언과 도움을 요청해 보완했다. 사람마다 자신이 잘하는 것, 관심 있는 것, 흥미를 갖고 집중할 수 있는 것이 다르다. 잘하는 것이 무엇인지 아는 게 곧 능력인 것이다.

내가 잘하는 것이 무엇일까? 대학 취업시즌에 했던 고민을 다시 하려니 막막하기만 했다. 그땐 그래도 어렸고, 꿈이 가득했고 자유로웠기에 다 할 수 있을 것만 같았다. 그런데 지금은 애 한 놈은 업고, 한 놈은 안아야 하는 판에 내가 잘하는 걸 끄집어내려고 하니 답답했다. 잘하는 걸 도저히 떠올릴 수가 없어 못하는 걸 적어봤다.

'정말 죽었다 깨어나도 못하고 하기 싫은 게 뭐지?'

이렇게 역으로 생각하니까 재미있었다. 하기 싫은 게, 못하는 게,

너무 많아서 당황스럽기도 했다. 잘하는 걸 적을 때에는 생각할 시간이 많이 필요했는데 못하는 거 적을 때는 술술 적혔다.

'나는 분석하고 정리하고 시스템화하는 것을 못한다. 예전 회사 다닐 때 컴퓨터 파일 정리하는 것이 너무 힘들었다. 반대로 나는 창의적으로 아이디어를 제시하는 것을 좋아했다.'

"아, 그랬었지. 맞아. 내가 그렇지. 이번에 문헌정보학과 수업 들을 때도, 자료 찾고 피피티 만들고 작업하는 거 너무 힘들어했었어. 근데 발표하는 건 재밌었지. 맞다, 나 가이드였지? 내가 미쳤지, 미쳤어! 뭐로 먹고 살았는지도 잊고 살았네."

오랜 시간 동안 아이만 보다 보면 과거에 무엇을 잘했는지, 내가 어떤 성격이었고, 무슨 꿈이 있었는지 끄집어내는 거조차 힘들다. 잘하는 걸 찾는 게 보통 어려운 일이 아니다. 반대로 못하는 걸 찾는 건 그렇게 쉽다. 다 못하는 것만 같고 남들이 다 잘나 보인다. 그래서 못하는 걸 적다 보면 잘하는 것도 문득문득 떠오르게 된다. 좀 바보 같지만 나는 이런 식으로라도 나를 끄집어내려고 애를 썼다.

도저히 못 하겠다	잘한 적이 있고, 잘할 것 같다
1	1
2	2
3	3
4	4
5	5

1년 전, 우연히 어린이집에서 엄마의 성격 검사를 해 준 적이 있다. 아이들 성격 분석만 하다가 내 성격 분석표를 받아보니 흥미로웠다. 나에 대해 생각해 본 게 얼마 만인가 싶기도 하고 그동안 애들에게만 집중하고 나란 사람을 돌보지 못했구나 싶기도 했다.

"어머! 내 성격이 이랬구나. 나는 이런 걸 잘할 수 있구나."

객관적인 평가다 보니 부끄럽기도 하면서 조심스레 내 강점이 무엇인지 다시 한번 확인할 수 있었다.

엄마가 되고 새로운 일을 시작한다는 것은 꽤 큰 결심이 필요하다. 그래서 가장 먼저 우리가 해야 할 것은, 나에 대해 객관적인 판단, 그리고 내가 잘할 수 있는 일에 대한 고민일 것이다. 이 시간을 충분히 갖고, 그다음에 할 수 있는 일을 찾으면 된다. 설령 그것이 실패해도 괜찮다. 열심히 하고 실패하면 미련이 남지 않는다.

나 역시 실패를 달고 사는 사람이었다. 둘째를 출산하고, 나는 열심히 공부하면 무엇이든 잘할 수 있을 줄 알았다. 그래서 8개월 동안 정말 열심히 공무원 시험을 공부했지만 점수는 55점이었다. 충격적인 점수에 공무원을 포기했다. 만약에 내가 시도하지 않았으면 그 미련을 갖고 평생을 살았을지도 모른다.

특출나게 잘난 사람들은 바로 잘하는 능력을 뽑아낼 수 있지만, 그렇지 못한 사람은 하고 싶은 것을 하나씩 도전하며 실패하면 소거하는 식으로 자신만의 길을 찾아내는 것도 하나의 방법이다. 나는 후자이다 보니, 이것저것 계속 시도해 보았다. 그러다가 유튜버, 짠테크 전문 유튜버가 되었다.

도전이 두려울 때면 난 내 새끼들 얼굴을 떠올린다. 아이에게 정말 돈이 필요할 때, 해 주고 싶어도 못 해 주는 게 진정으로 슬프고 두려운 일이다. 그런 생각을 하면 무서울 것도 두려울 것도 쪽팔릴 것도 없어진다.

성공하자. 비빌 언덕이 없다. 내 남편이랑 나랑 이 가난의 대를 끊어야 한다. 성공해서 이 지긋지긋한 빚도 갚고, 월급에서 대출금이 안 나가고 오롯이 통장에 입금되는 그날을 상상하자. 남들이 커피숍에서 커피 마시고 수다 떨 때 부러워하지 말고, 공부하자. 막연히 생각하고, 상상하고, 혼자 접지 말고, 미친 실행력을 키우자. 이모든 것은 자기 믿음에서 출발한다. 그래서 나는 나만의 주문을 만들어 외곤 했다.

'난 잘할 수 있는 사람이고, 잘할 수 있고, 설령 실패한다고 할지라도 아무것도 하지 않은 자보다 성장한 사람이 될 수 있다.'

나를 알고 주문을 걸자! 그때 바로 당신이란 사람의 역사가 시작된다. 우린 엄마니까. 못할 것도 두려울 것도 없다. 내 안의 벽을 부수자!

무관심한 남편아 고마워

20대 나의 청춘엔 워너비들이 있었다. 내가 존경하고 따라 하고 싶었던 그녀들. 나는 그녀들의 자유분방함과 남들의 시선에 신경 쓰기는커녕 즐기는 모습을 동경했다.

'와, 멋있다. 나는 왜 이렇게 쫄보지?'

그녀들과 나를 비교하며 격하게 따라 하고 싶었다. 그랬던 그녀들이 변했다. 오랜만에 만난 그녀들의 대답은 항상 남편에게 물어보겠다로 끝났다. 나는 그때마다 의아했다. 왜 남편한테 물어봐야 하는 거지? 그렇게 자립적이고 독립적이었던 그녀가 왜 남편의 의견에 좌지우지하게 된 것일까? 남편은 우리 인생의 보호자가 아닌데.

나는 남편이, 남편에게는 내가 인생의 동반자라고 생각한다. 우리 부부는 서로에게 '사랑'이란 단어를 사용한다는 것 자체가 낯간지럽다. 아이 둘을 낳은 부부에게 서로는 '사랑'보다는 '의리'다. 두 아이를 책임질 의리. 우리 두 사람이 만든 가정을 행복하게 꾸릴 의리. 서로의 인생에 좋은 영향력을 끼칠 그런 의리. 그게 바로 우리 부부의 부부애다. 서로에게 의지하지 않는다. 단지 좀 쉬고 싶을 때 기댈 수 있는 그늘이 되어주면 족한다.

나는 참 괜찮은 남편을 만났다. 계속 이렇게 스스로 주문을 걸고 살다 보니 어느 날 정말 좋은 남편과 함께 살고 있었다. 남편은 사실 남이다. 오죽하면 남편을 '남의 편'이라고 하겠는가. 가까운 사이다 보니 서로에게 바라는 점도 많고, 가끔은 결혼한 걸 엄청나게 후회하는 순간도 있다. 내가 말하고자 하는 건 그 남자는 나를 잘 알지 못한다는 것이다. 영원히 나를 이해하지 못할 수도 있다.

결혼하고 여자들이 혼란스러워 하는 깃이 '왜 이 남자는 나를 이해하지 못하는 걸까?'다. 당연히 이해할 수 없다. 왜? 가끔 나도 자신이 이해가 안 가는데 성별도 다르고 부모도 다른 이 남자가 무슨 수로 이해할 수 있겠는가. 그냥 우린 그 시기에 서로를 사랑했고 결혼한 것이다.

그가 날 이해해서 사랑한 게 아니었고, 나 역시 그를 이해해서 사랑한 게 아니었다. 머리와 가슴은 따로라 내 가슴이 사랑으로 뛰어 결혼한 것이다. 사랑으로 결혼했지만 삶은 현실이었다. 현실은 지극히 이성적이다. 서로를 이해할 수 없어 싸우게 된다. 우리는 절대 이성적으론 맞지 않으니까.

혹시 당신이 하고자 하는 도전에, 남편의 염려, 혹은 부정적인 뉘앙스의 말을 들을까 하는 두려움이 있는가? 전혀 그럴 필요가 없다. 쓸데없는 걱정이다. 남편은 당신이 생각하는 것만큼 당신에게 큰 관심이 없다. 나는 그런 남편의 무관심이 감사하다.

1년간 유튜브를 하면서도, 구독자가 쥐똥만큼 늘어나는 8개월 동안 남편은 내가 하는 일에 전혀 관심이 없었다. 심지어 관련한 이야기를 듣는 것도 싫어했다. 처음엔 속상한 마음도 들었지만, 결국 지금 생각해 보면 고맙다.

　남자들은 자신의 대답 속에 어떤 해결책을 주어야 한다고 생각한다. 우리는 그저 공감을 원했을 뿐인데 말이다. 그렇기에 복잡하게 얘기하기 시작하면 대화의 끝은 좋지 않을 가능성이 크다. 그러니 기대도 하지 말자. 정말이다. 기대하면 싸운다. 남편의 조언은 내가 조금이라도 성과를 내고 난 뒤에 들어도 괜찮다. 시작도 하지 않고 걱정이 앞서는 마음으로 남편에게 조언을 구할 필요는 없다.

　백 마디 말보다, 입을 다물고 몰입하는 모습. 그리고 꾸준함. 그것은 그 어떤 것보다 신뢰를 준다. 남편에게도 동일하다. 당신이 남편을 바라볼 때, 그는 당신을 바라보지 않는다. 당신이 다른 곳을 향하고 있을 때 비로소 그 남자는 당신을 응원할 것이다. 명심하자. 남편에게 구구절절 하소연하고 내 일에 대해 깊은 공감을 바라지 말자.

나들이도
짠내 나게

정보력이 돈이다

짠테크를 즐기는 나에게 고민이 있었다. 바로 '아이들과의 나들이'였다. 아이가 세상에 발을 디디고 점점 궁금한 것이 많아지자, 제 아무리 짠순이라도 다양한 것을 보여주고 체험시켜주고 싶어졌다. 그러나 웬걸. 아이들 체험 입장료가 1인당 만 원이 넘는 곳이 허다했다. 나가면 돈이라는 말을 절실히 실감하는 순간이었다. 아이가 둘이 되자 입장료와 식비 부담은 점점 더 커져만 갔다.

내 아이에게 좋은 것, 다양한 것, 배움이 될 만한 것들을 보여주고는 싶은데, 가는 곳마다 비싼 입장료 탓에 나가는 것이 엄두가 안 났다. 나 역시 처음엔 잘 몰랐기에 남들이 좋다는 곳에 가려고 애를 썼다. 그러다 육아 6년 차가 되고 깨달은 것이 있다.

입장료가 비싸다고 좋은 곳이 아니다. 무료이거나 저렴한 곳에 가도 아이와 부모가 함께 즐길 수 있다면 어디든지 좋다. 괜히 유명하고, 남들이 가본 곳이니 나도 가야만 한다는 압박에서 벗어나자. 그런 곳에 못 데려간다고 미안해할 필요도 없다. 한 번 비싼 곳에 가고 한 달 내내 나가지 않는 것보다, 자주 비용 부담이 없는 곳에 가서 함께하는 시간을 늘리는 게 그게 아이에게 더 좋다.

주말 내내 독박육아를 하는 나는 아이들과 나들이를 자주 하는 편이다. 내가 자주 이용하는 곳은 공공시설에서 운영하는 키즈 카페다. 3명이 들어가는 데 3천 원이 든다. 정말 신기한 것은 이렇게 저렴한 키즈 카페에 항상 자리가 있다. 사람들은 의외로 이런 정보를 찾지 않는 것이다. 저렴한 곳이라는 선입견도 어느 정도 작용하는 것 같다. 하지만 이런 키즈 카페는 대부분 신설인 데다 심지어 깨끗했다.

나는 저렴한 혹은 무료 키즈 카페에 대한 정보를 주변인에게도 물어보고 인터넷으로도 많이 검색한다. 그리고 블로그나 다이어리에 기록해 둔다. 기록해 두면 돈이 쌓이는 것처럼 저렴하게 갈 수 있는 장소가 하나 더 생겨 마치 부자가 된 것 같다.

1장

날씨가 좋은 주말이면 아이들을 데리고 떠난다. 부담 없는 가격에 좋은 후기가 많은 장소에 가서 즐겁게 놀다 오면 그 뿌듯함은 엄청나다.

물, 삶은 달걀, 달달한 커피와 간식 그리고 스케치북

나들이에서 장소보다 더 중요한 것은 먹거리다. 아이들과 자주 나가서 놀다 보니, 5분이면 간단하지만 알찬 가방을 쌀 수 있다. 나 홀로 아이 둘을 데리고 다녀야 하므로 일단 손이 자유로운 백팩에 물, 삶은 달걀 그리고 커피를 챙긴다.

이 중에서 첫째로 챙기는 것이 물이다. 아이들은 나가면 무조건 물을 찾는다. 뛰어놀기 때문에 수시로 목이 마르다. 아이들이 목이 마른데 물이 없으면 사 마셔야 한다. 공공기관에서 운영하는 박물관, 과학관 같은 곳에 있는 매점은 은근 비싸다. 그래서 물통은 꼭 필수이다.

두 번째는 삶은 달걀이다. 이 녀석이 요물이다. 건강에도 좋고, 아이들의 간식으로 안성맞춤이다. 과학관에서 3시간 정도 열심히 체험하고 나면 슬슬 배가 고프다. 아이들은 허기가 지면 칭얼대기 시작한다. 그때 삶은 달걀을 꺼낸다. 8개 정도 삶아 가 내가 2개, 큰아들이 4~5개, 작은아들이 1~2개 정도 먹는다. 우리 셋이 삶은 달걀을 먹으며 체험한 곳에 대해 이야기를 나눈다. 혼자서 애들을 데리고 다녀야 해서 전략적으로 쉬어야 하는데 계란이 그런 빌미를 주는 것이다.

세 번째는 달달한 커피와 간식이다. 아이와의 외출은 그 자체로 큰 에너지를 소모한다. 아빠와 함께 다니면 덜 힘들지만, 나 같은 경우는 혼자 다니는 경우가 많기에 내가 지치면 안 된다. 그러다 보니 커피는 필수. 에너지 넘치는 아이들과 놀다 보면 기운이 쫙쫙 빠지는 게 느껴진다. 그럴 땐 달달한 커피를 한 모금 마시면 살 것 같고 다시 힘이 난다. 그래서 항상 나를 위해 커피를 준비해서 다닌다.

외출에서 지치는 것은 나뿐이 아니다. 그렇지 않아도 간식을 좋아하는 아이들이다 보니 한바탕 뛰어놀고 나면 달달한 것을 찾는다. 특히나 나들이를 가면 다른 아이들이 사탕이나 과자를 먹는 것을 보게 되고 그러면 안 그러던 아이들도 사달라고 떼를 쓰기도 한다. 그런 경우 안 사주기도 어려우니 비상 간식을 꼭 준비해 나가는 편이다. 체험단이나 주변에서, 혹은 유치원에서 받은 사탕을 빼놓지 않고 지퍼팩에 모아놓았다가 외출할 때 들고 나간다.

이렇게 만반의 준비를 하고 나가면 먹을 것 때문에 아이들이 속상할 일은 거의 없다. 오히려 싸 온 것들을 같이 풀면서 기뻐할 때가 많다.

"우와, 엄마가 만들어준 김밥 너무 맛있다! 삶은 달걀 너무 맛있다! 다 먹고 젤리도 하나 먹을래요! 정말 신난다!"

우리 큰아들은 항상 이런 반응을 보여준다. 너무나도 고맙고 기특하다. 괜히 돈을 아낀다고 나들이 가서 아이들과 얼굴을 붉히지 말고 먹을 거 만큼은 철저히 준비할 것을 추천한다.

아이가 조금 크면서 먹을 것 외에도 스케치북과 크레파스를 들고 다닌다. 아이들과 외출해서 뛰어놀다가 앉을 곳이나 정자가 있으면 그곳에서 그림을 그리게 한다. 아이들도 그림을 그리며 놀고, 나 역시 잠시 쉴 수 있기 때문이다. 저번엔 일기장을 들고 나가 그날 본 내용을 적었다. 아이와 내가 야외에서 일기를 쓰는 우리 모습을 보고 모르는 분이 다가와 말을 걸기도 했다. 그만큼 인상 깊었던 모양이다.

보살펴야 하는 두 아이를 데리고 혼자서 나들이를 한다는 것은 굉장히 피곤하고 힘든 일이다. 그렇다고 주말에도 일하느라 쉬지 못하는 남편에게 푸념만 할 수는 없는 노릇이다. 그래서 나는 가까운 곳부터 아이들과 나가는 훈련을 했다. 덕분에 두려움 없이 후다닥 짐을 싸서 7살, 4살 아들 둘을 데리고 나갈 수 있는 엄마가 되었다.

아이들과의 추억을 쌓는 데 가장 중요한 것은, 돈이 아니라 부지런함이다. 미리 계획하고 준비만 철저히 한다면 저렴하고 만족스러운 나들이를 할 수 있다. 나도 결혼 전에는 무계획으로 떠나는 여행을 굉장히 좋아했다. 그러나 지금은 다르다. 아이들과 무계획으로 다니다 보면 생각보다 돈을 더 많이 쓰게 된다는 걸 아주 잘 알고 있기 때문이다.

나들이 가고자 하는 곳에서 할인 받을 수 있는 방법이 있는지, 가서 도시락 먹을 곳이 있는지 정도는 미리 찾아보고 가는 게 좋다. 준비를 철저히 하면 그만큼 돈이 절약된다. 처음엔 많이 어설프겠지만, 이것 또한 훈련이다. 경험이 쌓이고 쌓이면, 아이들과 나의 절충안을 찾게 되고 더 뿌듯하고 가성비 좋은 나들이를 자주 할 수 있게 될 것이다.

2장

5년 만에
1억 갚은 짠테크의
모든 것

초보 새댁의
짠테크 적응기

짠테크 전문 유튜버인 나지만 처음부터 짠테크가 쉬웠던 것은 아니다. 초반에 고비의 순간이 굉장히 자주 찾아왔다. 의욕 넘치게 돈 모으자고 계획을 세웠지만, 신혼 시절 요리에 흥미가 없었던 나는 종종 배달 음식을 시켜 먹었다. 배달 음식을 한번 시켜 먹으니 그렇게 편할 수가 없었다. 결국 습관이 되었고 남편과 '치맥'의 꿀조합에 행복을 느끼는 날도 잦아졌다. 임신을 하고 나선 입덧이 심해 도저히 음식 냄새를 맡을 수가 없어서 친정에서 얻어먹거나 외식을 자주 하게 되었다.

첫아이를 낳고는 무엇을 사야할지 몰라 주변 엄마들이 사면 무조건 따라 사던 때도 있었다. 엄마들이 단체 톡에 핫딜 정보를 보내주면 분위기에 휩쓸려 사는 경우도 종종 있었다. 아이가 돌쯤에는 문화센터에 다니는 주변 엄마들을 따라 수업을 다니기도 했다. 친인척 친구들 통틀어 가장 먼저 아이를 낳다 보니 주변에서 조언을 해 주는 이가 없었다. 그래서 나만의 소신 육아를 하는 데에도 많은 시행착오를 겪었다.

항상 내 맘과 같을 줄 알았던 신랑은 겨울만 되면 새로운 신상 패딩을 그렇게 사고 싶어 했다. 요새는 패딩이 30만 원은 기본으로 넘는지라 굉장히 부담이었다. 그러나 한 해 한 해 육아와 결혼생활에 익숙해지면서 나만의 짠테크 노하우가 생기기 시작했다.

아이를 위해 이유식을 만들고 식비를 줄이기 위해 요리를 하면서, 나만의 요리 노트를 만들었다. 그 노트에 쉽고 간단하게 할 수 있는 요리 레시피를 적었고, 해 먹을 게 없다는 마음이 들 때면 노트를 보며 외식과 배달 앱의 유혹을 떨쳐버릴 수 있었다.

또한 문화센터를 다녀본 결과, 아이는 집중을 못 하고 나만 수업을 열심히 듣고 있었다. 애기 수업에 애는 딴짓하고 엄마만 열심히 하는 묘한 상황이 발생한 것이다. 지금 생각해보면 갓 돌 지난 아이가 40분을 예쁘게 앉아서 수업을 들을 거라고 믿은 내가 바보였다. 그 이후로 나는 1천 원 정도의 저렴한 가격에 일회성으로 오픈하는 수업을 들었다. 3달 10만 원짜리 수업을 듣는 대신, 하루 1천 원 짜리 강의를 3개 정도 끊어 아이랑 들었다. 그것으로 충분했다.

쇼핑 앱은 기저귀 구매하는 한 곳만 놔두고 모두 삭제해버렸다. 예전엔 핫딜 알람에 나온 상품을 안 사면 손해 보는 느낌이 들었는데, 핫딜이고 뭐고 안 사는 게 최고라는 것을 깨닫고는 삭제해버리니 속이 다 후련했다.

남편의 겨울마다 찾아오는 패딩병은 중고거래를 통해 해결했다. 패딩을 꼭 사고 싶은 남편에게 중고거래를 유도했고, 남편은 새 것 같은 패딩을 절반 혹은 절반 이하의 금액으로 구매하며 소비 욕구를 달랠 수 있었다.

요리도, 육아도, 남편도 모두 처음인 그 시절 나는 하나하나 삽질과 깨달음을 통해 점점 짠순이로 변해갔다. 처음부터 완벽할 순 없다. 나 역시 이런저런 시행착오를 겪으며 절약할 부분과 과감하게 써야 할 부분에 대해서 나만의 주관이 생겼다.

소비 욕구는 생각보다 강하다. 제아무리 짠순이라 할지라도 소비 욕구는 있다. 그러니 우리 가족의 상황을 잘 파악하고 소비의 황금비율을 찾는다면 단발적인 짠순이가 아닌 롱런하는 짠테크를 할 수 있을 거라 믿는다.

오늘 쓸 돈을 내일로 미뤄라

"푼돈 아껴서 돈이 모이겠어? 만 원 덜 쓴다고 돈이 모이겠냐고."

"네! 모여요."

아이가 돌쯤 되고 회사에 복직해서 맞벌이를 하는 집들을 보면, 내심 부러웠다.

'우와 저 집은 저렇게 벌면 금방 부자되겠네!'

그런데 그들의 이야기를 들으니 속사정은 달랐다. 우리집보다 저축률이 턱없이 낮았기 때문이다. 대체 어디다 썼나 이야기를 들어보면, 아이들 보육비, 등하원 도우미 비용 등 육아 대체 비용과 배달앱 이용 요금을 비롯한 외식비용이 많았다. 나는 그때 깨달았다.

'아! 돈을 많이 버는 것보다 돈을 모으는 게 더 중요하구나!'

마음이 한결 가벼워졌다. 심지어 집에서 부업을 하며 애를 키우는 우리집이 훨씬 저축률이 높다는 사실이 왠지 모르게 뿌듯하기까지 했다.

수입을 늘리는 것은 돈을 모으는 데 굉장히 중요하다. 하지만 많이 버는 만큼 씀씀이가 커지게 되면 아무 의미가 없다. 중요한 것은 얼마만큼 저축률을 높이는가이다. 실제로 나 역시 절약하는 습관을 들이고 나서 저축률이 올라갔고 남들보다 빠르게 돈 모으는 것이

가능하게 되었다.

내가 절약습관을 들이면서 가장 효과를 보았던 것은 '소비 미루기'이다. 오늘 당장 필요한 것이 아니면 바로 구매하지 않고 기다려보는 것이다.

'이게 정말 필요한 걸까? 이걸 안 사면 죽을 거 같은가? 없으면 살 수 없는 물건인가? 집에 대체할 수 있는 것은 없는가?'

이렇게 고민하는 시간을 꼭 갖는다. 1주일이 지나고 2주일이 지나도 그 마음에 변화가 없으면 그때 구매를 한다. 우리는 미루는 것을 참 좋아한다. 미래를 위한 계획, 자기계발을 위한 공부, 운동, 집밥, 청소 등등 이런 것들은 죄다 미루는데 돈 쓰는 것은 기막히게 빠르다.

'이거 안 사면 두 번 다시 이런 가격에 살 수 없을 거야. 당장 사야 해!'

이 마인드만 버리면 돈 모으기가 굉장히 쉬워진다. 소비의 주체는 내가 되어야 한다. 눈만 뜨면 나오는 수많은 광고에 힘없이 무너지지 말고, 나만의 주관을 갖고 소비하기 전 열흘 정도의 시간적 여유를 가져보자. 그 물건은 어디 도망가지 않는다. 심지어 시간이 지나면 가격이 더 떨어지는 놀라운 경험까지 하게 될 것이다.

옷장 정리하기

옷이 사고 싶다. 옷장에 옷이 가득한데 입을 옷이 없는 그런 날이 꼭 있다. 이럴 때 쇼핑몰에서 덜컥 구매하지 말고, 일단 옷장 정리를 해 보자. 옷을 정리하다 보면 입을 만한 옷이 한두 벌 나오게 된다. 하나도 없는 줄 알았던 얇은 원피스도 꽤 있다. 심지어 줄무늬 티셔츠가 너무 이뻐서 사려고 했는데, 집에 그 디자인이랑 똑같은 티셔츠가 3벌이 있는 걸 확인하고 당황스러웠던 경험도 있다. 우리의 취향은 변하지 않는다. 사고 싶은 옷이 있으면 일단 옷장 정리를 하라. 분명히 비슷한 스타일의 옷이 있을 것이다.

월정액권 확인하기

소비에서 간과하기 쉬운 것 중 하나가 바로 월정액권이다. 몇천 원에서 몇만 원까지 소액으로 월정액권을 이것저것 끊는 경우가 많다. '에이 얼마 안되는 데 뭐 어때.'라고 생각했던 금액이 1년이 지나고 2년이 지나면 꽤 큰 금액이 된다. 특히 카드 결제로 해 놓고 잊고 지내는 경우도 많다. 그러니 한번 날을 잡고 월정액으로 얼마나 나가고 있는지, 별로 필요하지도 않은 것이 매달 나가고 있진 않은지 꼭 점검해 봐야 한다.

보험 점검하기

보험 역시 지출에서 은근 많은 비중을 차지한다. 우리집은 각각 실비와 남편 보험이 따로 있다. 각 가정마다 상황도, 가족 내력도 다르기에 함부로 말하기 힘든 부분이다. 그러나 중요한 것은 보험은 미래를 대비하는 상품이라는 점이다. 현재 보험을 너무 많이 가입해서 미래보다 현재를 위험하게 하고 있는 건 아닌지 살펴보아야 한다. 개인적으로 급여의 10% 이상으로 보험을 드는 것은 무리라고 본다. 그러니 급여의 10% 이상의 보험을 가지고 있다면, 보험비 다이어트를 권한다. 불필요한 것, 중복된 것을 찾아보고, 이게 꼭 필요한 보험인지 공부하고 고민하는 시간을 가져보아야 한다.

쇼핑앱 삭제하기

심심해서, 혹은 헛헛한 마음에 쇼핑 앱에 들어간다. 이것저것 둘러보다가 하나씩 장바구니에 넣고 신용카드로 결제하지 않는가? 심지어 핫딜이 뜨면 그 유혹에 넘어가서 집에 있는 것을 또 구매하고 있지는 않은가? 쟁여 놓는 습관을 일단 버려야 한다. 싸다고 계속 집에 구비해 놓으면 집은 집대로 물건이 쌓이고, 생필품을 헤프게 사용하게 된다. 가장 좋은 방법은 쇼핑 앱을 삭제하는 것이다. 스마트 폰을 켜고 쇼핑 앱을 하나씩 삭제하면, 그만큼 돈이 모이는데 가속도가 붙을 것이다.

저렴한 통신사 갈아타기

나는 알뜰폰 통신사를 이용하고 있다. 유튜브를 하다 보니 데이터를 많이 쓰게 되는데, 무제한 데이터를 이용하면서 3만 원대의 금액을 내고 있다. 이런 이야기를 유튜브나 주변에 하면, "신형폰인데 가능해?" 혹은 "알뜰폰은 따로 사야 하는 거야?" 이런 질문을 듣곤 한다. 알뜰폰 통신사 같은 경우는 스마트폰을 변경하는 것이 아니라, 통신사만 변경하여 기존 폰으로 사용 가능하다. 그리고 3대 통신사 구축망을 임대받아 쓰기 때문에 통화 품질 또한 별반 다르지 않다. 고정 지출비에서 줄일 곳이 없다고 말하면서 100만 원이 훌쩍 넘는 신상폰을 할부로 사고, 무제한 데이터로 6만 원 이상의 돈을 내고 있지는 않은지 나 자신을 되돌아봐야 한다.

나는 오늘도
가계부를 째려본다

6권의 가계부, 외벌이로 5년간 1억을 갚았다

나는 신혼 때부터 수기 가계부를 쓰기 시작해서 벌써 7번째 가계부를 쓰고 있다. 꾸준함은 위대하다. 6년 동안 가계부를 쓰다 보니 어느덧 누구보다 가계부에 대해서 자신 있게 말할 수 있는 사람이 되었다.

전월세로 시작한 우리 부부는 6년 만에 32평 아파트를 구매했고, 아들 둘이 생겼다. 5천만 원 보증금이 없어서 대출로 시작했기에 우리가 갚아야 할 빚은 아직도 많다. 하지만 무에서 유가 되었다. 돌이켜 생각해 보면, 가장 큰 일등 공신은 바로 가계부다. 나의 가계부에는 내 눈물이 있고, 내 인생이 있다.

수기 가계부를 6년간 쓰면서, 몇 달은 그냥 스친 달도 있다. 정말 신기한 게 가계부를 쓰지 않으면 우리집은 점점 적자가 되었고, 가계부를 쓰면 다시 흑자가 되었다. 돈을 버는 것도 중요하지만, 돈을 아껴서 모으는 것이 몇 배는 더 중요하다. 사실 10만 원 버는 것보다 10만 원 아끼는 게 쉽다.

몇 달 전 MBC방송에 출연했다. 내 가계부를 보며 인터뷰하는데, 리포터가 가계부 쓰는 본인만의 특별한 방법이 있냐고 질문했다. 나는 없다고 대답했다. 진짜다. 별 다른 방법은 없다. 돈을 모으는 데 요행이 없듯이 가계부를 쓰는 것도 마찬가지다. 하지만 사람들은 무언가를 기대한다. 그래서 별거 없는 내 방법을 특별한 척 이야기해 보겠다.

우리집은 하나의 기업이다

우리가 이룬 가정은 하나의 기업이다라는 마음으로 계획을 세운다. 대충 세운 계획은 아무런 도움이 되지 않는다. 계획을 세울 때는 목표를 세우고, 구체적으로 연 단위, 분기별, 월 단위로 쪼개가며 계획을 세워야 한다. 예를 들어 대출 1억이 있다고 하면, 1억을 5년 안에 반드시 상환하겠다는 계획을 세운다.

이것은 실제 우리집 이야기이다. 나는 5년 안에 반드시 1억을 갚으리라 다짐했다. 그럼 1년에 2천만 원씩 상환해야 했다. 1년에 2천만 원, 한 달로 나누면 167만 원이었다. 어마어마한 금액이다. 그 당시 우리는 월세 50만 원이 나가고 있었고, 그것과 별개로 167만 원을 상환해야 했다. 매달 217만 원은 없다고 생각하고 살아야 했다. 신혼 초 신랑의 급여는 350만 원 정도였다. 350만 원에서 217만 원을 빼면 133만 원. 우리는 이 돈으로 월세와 대출금 상환을 제외한 고정지출, 변동지출비를 모두 해결해야 했다.

남들이 보면 신랑이 영업사원이니까 돈 좀 쓰면서 살겠지 싶었겠지만, 사실 나갈 돈이 너무 많았기 때문에 나는 내 티셔츠 하나 사는 돈이 아까워서 동생이 안 입는 옷을 가져다 입곤 했다. 가뭄에 콩 나듯이 친구들을 잠깐 만나러 가는 날에는 친정에 들러서 동생 옷을 빌려 입고 나갈 정도였다. 최대한 불필요한 소비를 줄이려고 노력했다.

다행히 남편이 영업 우수사원이 되어서 성과금이 들어오면, 나는 그 돈을 한 푼도 쓰지 않고 모두 대출 상환하는 데 썼다. 중도상환 수수료가 몇만 원 나가는 한이 있더라도 무조건 갚았다. 이런 내가 안타까웠는지, 남편은 자신의 용돈을 모았다가 내 생일날 선물을 사주곤 했다. 이 돈이 어디서 났나 싶으면서도 한편으로 고맙고 마음의 위로가 되었다.

매달 대출을 갚으며, 남편과 많은 대화를 나눴다.

"자기야, 이달에는 167만 원 상환했어. 올해 말까지 2천만 원 상환할 수 있을 거 같아. 이런 식으로 5년 하면 우리 금방 1억 갚겠다. 너무 신나지 않아?"

돈을 쓰는 것보다 절약해서 목표 금액 상환하는 게 더 재밌었다. 가끔은 계획보다 못 미치는 달도 있었고, 어떤 달은 기대 이상으로 많이 상환하는 달도 있었다. 매달 정산한 것을 남편과 함께 공유하다 보니 우리 부부는 사랑보다 더 끈끈한 '전우애'가 생기게 되었다.

보통 가계부를 부부 중 한 명이 쓸 것이다. 그러면 그 내용을 자세히는 아니더라도 대충의 상황을 상대방에게 공유해야 한다. 나만 아끼고 내 배우자가 흥청망청 쓰면 정말 허탈하기 짝이 없다. 부부는 하나의 기업이고, 자식 농사를 해야 하는 동업자이다. 다짜고짜 절약하자고 하면 배우자는 '내가 그렇게 헤프게 쓴 거 같이 보이나?' 싶은 생각이 들며 서운함과 반감이 들 수도 있다. 그러니 자연스럽게 가계부를 보여 주며, 단기, 중기, 장기 계획을 세우고 건설적인 가족의 미래에 관해 이야기해 보자. 그럼 어느새 내 배우자도 나의 편이 되어 있을 것이다. 부부가 합심하여 한 마음으로 가계부를 쓴다면 뭐든지 해낼 수 있다고 믿는다.

가계부에 영혼을 넣어라

　단순히 "아휴, 이번 달도 너무 많이 썼네." 하며 기록용으로 사용하면 가계부를 쓰는 것은 의미 없는 짓이다. 어떤 날은 부모님이 집 한 채 뚝딱 마련해주었다는 지인이 부러워서 이따위 가계부가 무슨 소용이 있나 싶어, 울면서 쓴 날도 있었다. 어떤 날은 예상보다 대출을 갚고도 여유로운 생활비에 티셔츠 하나 살 수 있겠네 싶어, 신이 나서 가계부를 적은 날도 있었다.

　나에게 있어 가계부는 숫자를 적는 기록의 가계부가 아니었다. 내 삶이었다. 아이들과 남편이 잠든 고요한 시간. 가계부에 나의 감정을 쏟아낸 날이 많았다. 그날 있었던 사건, 이벤트를 적어 놓기도 했다. 그래서 나는 가계부를 보면 몇 년 전 내가 무엇을 했는지 유추할 수가 있다. 단순히 가계부를 기록용으로 생각한다면 수기 가계부보다 앱으로 된 가계부가 자동 계산도 되고 편하다. 그러나 나는 가계부에 내 이야기를 적었다.

　'작년 이맘때쯤은 뭘 먹었지? 어디 갔었지?' 하며 가끔 예전 가계부를 들춰 본다. '아, 나 참 치열하게 살았구나.' 가계부를 보며 스스로에게 자극을 받기도 한다. 절약 역시 타인과의 비교가 아닌 과거의 나와 비교를 하곤 했다. 작년에 비해 내가 이 정도 소비습관이 개선되었구나 칭찬하거나, '외식을 자주했네, 씀씀이가 헤퍼졌네.'

하며 반성도 했다.

남들이 보면 낙서처럼 보이겠지만, 어떻게 하면 아낄 수 있을지, 어떻게 하면 대출을 갚을 수 있을지 궁리한 흔적이 여기저기 보인다. 그렇게 적고, 고민하다 보면 저절로 절약이 되었다. 나의 고민한 흔적들이 머리를 타고 가슴에 박혀서, 쓸데없는 지출을 통제하는 게 한결 쉬워졌다.

가계부 잘 쓰기 대회 나가실 겁니까

가계부를 나만 보는 내 일기장이라고 생각하면 편하다. 내 경제 일기장에 굳이 콩나물 얼마, 어묵 얼마 이렇게 쓸 필요가 있을까? 요새 나는 콘텐츠 때문에 꼼꼼히 쓰지만, 보통은 그렇게 꼼꼼한 내역을 쓰지 않았다.

콩나물, 두부 이런 세세한 기록보다 '식비 1만 원 지출'과 같이 간결하게 적는 것이 좋다. 가끔 상담을 하다 보면 괜한 것에 완벽주의를 추구하는 사람들이 있다. 가계부를 완벽하게 쓰려고 하면 스트레스를 받게 되고 금방 포기하게 된다. 매일 적지 않아도 된다. 영수증을 가계부에 꽂아 놓다가 3일에 한 번 적어도 괜찮다. 가계부를 깔끔하고 완벽하게 쓰는 게 중요한 것이 아니라, 꾸준히 성실하게 지속적으로 쓸 수 있는게 중요하다.

단, 월말에는 좀 시간을 내어 꼼꼼히 정산할 필요가 있다. 한 달 동안 가벼운 마음으로 기록했다면, 월말 정산을 할 때에는 무거운 마음으로 정산을 해야 한다. 그리고 전 달과 비교해봄으로써, 자신의 소비패턴과 줄일 부분을 파악해야 한다.

고정지출비는 어차피 큰 변동이 없을 것이다. 변동지출비에서 계획한 금액으로 소비를 했는지, 예상치 못했던 소비는 무엇인지 적어서 나의 소비패턴이 저번 달에 비해서 줄었는지 확인해 보는게 중요하다.

이걸 1~2년 하다 보면 5월엔 가족 행사가 많아서 예비비 20만원 정도는 더 빼놔야 하고, 6월엔 가족들 생일이 몰려 있으니 여유 자금이 필요하고, 10월에는 남편 성과금이 나오니 이달은 대출 상환을 평소보다 많이 할 수 있는 달이다와 같이 우리 가계 수입과 소비의 패턴을 좀 더 정확하게 파악할 수 있다.

수입과 지출 파악이 내 머릿속 데이터에 컴퓨터처럼 좌악 펼쳐져 있으면 계획적 소비가 가능해지고, 저축 가능 금액이 얼마인지까지도 명확히 나올 수 있게 된다. 그 확신이 들면, 자신감이 생기고 돈 모으는데 가속도가 붙게 된다. 그게 바로 가계부의 힘이다.

무료로 달력과 가계부 받기

신혼 초부터 나는 꾸준히 대출금을 상환하고 있었다. 그러면서 가계부를 쓰고 있었는데 우연히 한 방송 프로그램을 보고 충격을 받았다.

어떤 아주머니가 20년간 가계부를 적으셨다며 20권의 가계부를 들고 방송에 나오신 것이다. 모조리 수협 가계부였다. 연말이 되면 은행에서 가계부를 받아 그걸 20년째 쓰셨다고 했다. 20년간 기록을 한다는 것은 보통 사람이 할 수 없는 일이다. 10년 전 콩나물 가격을 그 가계부를 통해 알 수 있었다.

그날 방송을 보고 나도 저 아주머니처럼 은행에서 가계부를 받아서 꾸준히 기록하리라 다짐했다. 그해 11월 말에 새마을금고에 가서 가계부를 받았다. 은행에서 공짜로 가계부를 준다는 것도 신기했다. 같은 은행에서 가계부를 받으면 일정한 사이즈에 비슷한 디자인이기 때문에 책장에 꽂아 놓으면 명작 전집처럼 보여 그렇게 뿌듯할 수가 없다.

주의할 점은 은행 가계부는 12월 말에는 다 소진되는 편이다. 빠른 은행은 11월 말부터 배포하고 조금 느린 경우는 12월 초부터 배포하니 그 시기에 은행에 가서 받아야 한다. 늦게 가면 다 소진될 가능성도 높다. 그리고 해당 은행에 거래하고 있는 통장이 있어야 받을 수 있으니 가계부 받을 겸 소소한 적금 하나 드는 것을 추천한다.

심플한 살림은
돈을 모은다

짠테크는 행동력, 미니멀은 정신력

6년 전, 빚을 갚기 위해 짠순이가 되기로 했다. 그 당시만 해도 나는 물건을 버리지 못하고 쟁여 놓는 스타일이었다. 추억이 담긴 물건은 절대 버리지 못했다. 집 안엔 몇 년간 입지 않는 옷부터, 10년 전에 배운 전공 책까지 물건이 잔뜩 쌓여 있었다.

이 많은 물건을 보고 있자니, 청소도 정리도 너무 어렵고 힘들었다. 어질러진 집을 나 혼자 치우는 것도 억울하고 시간이 아까웠다. 주부가 되고 비로소 집안일이라는 게 끝이 없다는 것을 몸소 깨닫게 되었다. 친정엄마가 왜 잔소리를 하셨는지, 왜 물건을 제자리에 놓아야 하는지, 왜 머리카락을 보이는 대로 주워야 하는지, 빨래는 왜 꼭 빨래통에 넣으라고 했는지 이 모든 이야기를 내 입으로 하는 주부가 되니 알 수 있었다. 집안일을 하는 누군가의 희생과 노고가 없다면 집에서 가족들은 편히 쉴 수 없다는 걸 말이다.

'아! 정리 정돈도 못하겠고, 요리도, 살림도 도통 적성과 맞지 않아 답답해 죽겠네. 도서관에 가봐야겠다. 나한테 딱 맞는 살림 책이 있을지도 몰라!'

나는 궁금한 점이 있을 때 인터넷보다 도서관에 가서 책으로 찾아보곤 한다. 책은 서론 본론 결론 실전 방법까지 한 권에 내가 궁금한 점이 다 적혀 있고, 미처 생각지도 못했던 아이디어까지 제공해주기 때문이다. 이날도 살림이 어려워서 도서관에 갔다. 그리고 그날 우연히 살림과 정리 수납 관련 코너에서 미니멀라이프에 관한 책을 접하게 되었다.

책을 편 순간부터 덮는 순간까지 한시도 눈을 떼지 못했다. 그날 이후 국내에서 출간한 미니멀에 관한 도서는 거의 다 읽으며 살림에 대한 나만의 철학을 만들기 시작했다. 거창한 표현일 수도 있지만, 주부는 살림과 뗄 수 없는 관계이다. 자신만의 '살림 철학'은 주부의 삶에 대한 만족도를 높일 수 있다. 나 역시 매일 귀찮고 힘들게 해야 하는 일이 아닌, 내 자신과 가족의 건강, 그리고 쾌적한 삶을 만드는 중요한 일이라는 자부심이 생기게 되었다.

살림에서도 내가 가장 취약한 부분은 정리 정돈이었다. 오죽 답답했으면 정리 수납 관련 수업이 보일 때마다 듣고 싶은 마음이 굴뚝 같았다. 그만큼 절실했다. 그러다 알게 된 미니멀라이프는 나에게 구세주 같았다. 왜냐하면 미니멀라이프는 정리 정돈할 물건 자체가 없는 삶이기 때문이다. 적게 소유하고 내 삶을 즐길 수 있는 마음가짐을 배우고 실천해 나가면서 짠테크 역시 가속도가 붙게 되었다. 그렇다면 짠테크와 미니멀은 무슨 연관이 있을까?

요즘 짠테크 커뮤니티에 가보면, 미니멀 물건 버리기 폴더가 존재한다. 하지만 5년 전만 해도 짠테크 카페에서 미니멀을 부정적으로 보는 시선도 적지 않았다.

'아깝게 왜 버리냐, 미니멀리스트 따라하지 말고, 절약이나 잘해라' 등의 댓글들이 다수였다. 사실 나도 어느 부분은 동의한다. 갑자기 미니멀라이프에 꽂혀서 멀쩡한 물건을 마구 버리고, 비싼 미니멀 인테리어 물품들을 구매해서 미니멀리스트를 흉내 내는 것은 아직도 이해가 가지 않는다. 그것은 미니멀라이프가 아니라 '미니멀 인테리어' 따라하기에 불과하다.

내가 생각하는 미니멀라이프는 소비습관뿐만 아니라, 고민, 잡념, 타인과의 비교에 벗어나는 자유로운 삶이다. 특히 절약이라는 것은 욕망을 억제해야 한다. 이것은 인간의 본능이다. 사고 싶은 욕망을 절제하는 것이 짠테크를 처음 시도하는 사람들에게 있어서는 굉장히 어려운 부분이다. 오죽하면 '짠테기(짠테크+권태기=짠테기, 절약이 힘들어지는 시기)'라는 말이 생겼겠는가! 욕망을 누르고 누르면 언젠가 터진다. 그래서 그 근본적인 마음가짐 세팅을 다시 하면 절약이 욕망의 절제가 아니라 내 인생의 경제적 자유를 위한 수단으로 바뀌게 된다.

그 마음을 먹기 위해 미니멀라이프는 최적화된 시스템이다. 식상하게 들릴 수도 있다. 그런데 많은 사람들이 미니멀한 삶을 예찬하는 데는 다 이유가 있다. 나 역시 미니멀한 살림을 통해 억제해야 할 욕망이 사라졌다. 그러다 보니 나는 절약을 한다는 것이 그렇게 힘들지도 괴롭지도 않다. 이를 악물고 절약을 해야 한다는 강박관념도 없다. '사고 싶다'는 소비 욕구가 줄어들고, '이 물건이 꼭 필요한가?'라는 질문을 하게 되었다.

나는 그저 딱 필요한 것만 나에게 있는 것이 좋다. 저렴한 것만 고집해서 사는 것도 아니며 비싼 것이 꼭 좋다고 생각하지도 않는다. 무엇보다 나에게 맞고 내가 원하고 내가 그 물건을 얼마나 오랫동안 소중히 다루며 함께 할 수 있는가가 내 소비의 1원칙이 되었다. 심플한 살림, 미니멀라이프를 접하며 많이 갖는 것이 더 불행할 수 있다는 것을 알게 되었고, 물건으로 가득 찬 집을 비워서 더 넓은 공간에 살 수 있음도 알게 되었다.

혹시 집에 쌓인 물건이 많고, 인터넷 쇼핑에 중독되어서 핫딜의 유혹에 매일 밤 넘어가는가. 그럼 미니멀 살림에 빠지는 것을 추천한다. 내 삶에 설레지 않는 물건과 함께하지 않을 때, 비로소 나에게 정말 소중한 것이 무엇인지 깨달을 수 있다. 그것이 물건이건 사람이건 말이다. 내 곁에 좋은 에너지를 주는 물건들만 두자. 그러면 쓸데없는 고민의 시간이 사라진다.

같은 방식으로 좋은 에너지를 주는 사람들을 더 소중히 여기게 되면 그들은 진짜 내 인생의 보석이 된다. 많이 소유하는 삶이 부럽지 않다. 친구가 많으면 그 사람이 정말 괜찮은 사람이라는 생각에서 벗어나게 된다. 진짜 내 마음을 알아주는 몇 명의 친구만 내 곁에 있으면 나는 그것이 바로 진짜라고 생각한다. 양보다 '질'에 집중해보자.

주부 6년 차, 살림 때문에 시간이 없다고 말하지 않는다. 현재 나 자신을 들여다 볼 수 있는 시간이 충분히 있다. 신혼 시절 아이를 처음 키우다 보니 '시간이 없다'라는 말을 자주 했다. 그런데 시간이 없는 게 아니었다. 내 마음의 여유가 없는 것이었다. 마음이 괴로우니 그 무엇을 시작하기에도 벅찼다. 어떤 것도 집중하기 힘들었다. 과거의 자유롭던 나 자신과 비교했고, 주변에 잘 나가는 친구를 부러워했고, 심지어 미혼인 사람이 부러웠다.

너무 복잡하게 느껴졌던 그 감정의 실타래가 하나씩 풀리면서 나는 내 생각조차 미니멀하게 컨트롤할 수 있게 되었다. 부정적 감정과 부정적인 사람들에게서 벗어날 수 있는 용기가 생겼다. 그리고 지금은 시간을 쪼개며 내가 하고자 하는 일에 집중하고, 아이들과 함께하는 시간에 집중할 수 있게 되었다. 살림도 예전보다 심플하게 함으로써 전업주부로서 내 살림을 소중히 여기게 되었다. 심플한 살림으로 나를 찾게 되었고, 내 안의 자유를 찾았다.

살림은 반복되고 재미없는 일이 아니라,
나만의 '살림 철학'으로 성립되었고 소비 욕구가 사라졌다.
남과의 '비교'라는 감정이 과거에 비해 무뎌졌고,
집안 살림에 대한 시간의 자유를 얻고,
생산적인 일을 하며 돈을 벌게 되었다.

이제 나는 심플한 살림을 통해, 집안일에 투입될 내 시간을 생산적 일에 투자할 시간으로 변환시켜서 부업을 하고 있다. 돈을 절약하는 것도 중요하지만, 돈을 버는 것은 그 이상으로 중요하다. 적은 금액이라도 돈을 벌 수 있는 시간을 확보해서 수익을 내다보니 자존감 또한 올라갔다.

가끔 내 유튜브에 나의 24시간 브이로그를 찍어달라는 댓글이 올라온다. 아들 둘을 독박육아 하면서 어떻게 이렇게 다양한 일을 하느냐, 시간관리를 어떻게 하느냐 이런 질문을 많이 받는다. 여러 가지 일을 시도하고 해내는 핵심엔 미니멀라이프가 깔려 있다.

'몸이든 마음이든 비우면 시원하고 편안해집니다. 반대로 안에 오랫동안 간직하고 있으면 몸이든 마음이든 병이 납니다. 뭐든 비워야 좋습니다.'

《멈추면 비로소 보이는 것들》이란 책에 쓰여 있는 혜민 스님의 말씀이다. 나는 물건을 비우고 비로소 알게 되었다. 비우는 것이 곧 채움이라는 것을. 그래서 내 유튜브 닉네임이 '미니멀 짠테크' 인 것이다. 미니멀은 정신력이고, 짠테크는 행동력이다. 이 두 가지가 서로 조화롭게 행해지면, 절약도, 살림도, 삶의 만족도 역시 올라가게 된다.

심플한 살림으로 집안에서 돈 벌기

나는 미니멀라이프에 관한 책을 많이도 찾아봤고 실천해봤다. 간단하게 딱 3단계를 지키면 된다. 진짜 간단하긴 한데 쉽지 않은 여정일 것이다.

1. 몽땅 꺼낸다.
2. 비운다.

3. 채운다.

이 공식으로 집 안 구석구석을 심플하게 만들어보자. 돈도 절약하고 살림도 재밌어지는 심플한 집안을 만들기 위해서는 일단 A4용지를 꺼내고 집 내부를 구역별로 적어본다. 그리고 하루에 한 공간씩 물건을 정리한다. 이 패턴을 3회 정도 반복했다. 처음에는 버리는 것이 두근거리고, 나중에 꼭 필요할 것만 같아서 보류하는 것들이 많았지만 반복할수록 진정으로 나에게 필요한 물건이 무엇인지 알 수 있는 안목이 늘게 되었다. 아파트 평당 적게는 1천만 원에서 2천만 원이 넘는다. 그 비싼 공간을 무의미한 물건에게 내주지 말자.

반나절 비우고 1천만 원 벌기

집에 물건이 많다. 발 디딜 틈이 없고 아이들이 놀 공간도 없다. 그 와중에 택배는 쌓여 있다. 돈을 쓰면서 귀한 당신의 집을 창고로 만들고 있다. 더 놀라운 것은, 집이 좁아서 이사를 가야 하는데 이사 갈 돈이 없다고 투덜거린다. 결국, 대출받아서 이사한다. 얼마 지나지 않아, 넓은 집에 더 많은 물건을 들여다 놓기 시작했고, 결국 집은 다시 좁아졌다.

우리 주변에 흔하게 접할 수 있는 유형이다. 더 넓은 집에 가기 위해선 돈이 필요하다. 현실적으로 지금 내 집을 더 넓게 쓰려고 노력하는 게 어떨까? 최대한 심플한 살림으로 필요한 물건만 구입하면 된다. 불필요한 물건은 버리거나 중고로 판매하자.

나는 3년 전 자가를 구매하기 전에 21평 전월세에 살았다. 그 당시 집을 내놓고 처음 집을 보러오신 분이 바로 계약을 하고 가셨다. 이유는 집이 너무 넓고 환해 보인다는 것이었다. 같은 21평을 다 둘러봤지만 이 집처럼 공간이 시원하게 빠진 집이 없다고 하셨다. 사실 다 똑같은 구조인데 말이다.

현재 우리집은 32평인데, 도시가스를 검진하는 분들이 오실 때마다 우리 집은 다른 집에 비해 넓어 보인다라고 말씀하신다. 현재 나는 32평에 살지만 40평에 사는 사람만큼 넓게 쓰겠다는 마음가짐을 갖고 있다. 사실 40평짜리 집을 사기 위해 돈을 모으는 것보다, 지금 내 공간을 비우는 게 훨씬 빠르고 합리적인 방법이다. 피땀 흘려 장만한 내 집에 꼭 필요한 것으로 채우는 것, 이것이 바로 심플한 살림으로 돈 버는 첫 시작이다. 반나절만 비워보자. 1천만 원을 바로 버는 셈이다!

재고 파악으로 집 안에 숨은 돈 찾기

분명히 집에 있다. 나는 봤다. 저번 달 치약을 한 묶음 사서 넣어 났다. 그런데 어디에 두었는지 죽었다 깨어도 기억이 나질 않는다. 당장 내일부터 사용할 치약이 없다. 그래서 마트에 간다. 그리고 다 시 치약을 묶음으로 산다.

우리는 꼭 필요할 때 그 물건이 어디에 있는지 기억이 나지 않는 다. 다음번에는 찾을 수 있을 것이라 자신을 과신한다. 그러나 그때 가 되면 또 기억이 나질 않는다. 쌓인 물건들 앞에선 장사가 없다. 집에 있는 물건을 사지 않기 위해서는 재고 파악은 필수다. 창고, 주방 같은 경우는 가장 난해한 곳이지만 살림을 비우고 재고 파악 을 한 번만 제대로 해 놓으면 그다음부터는 있는 물건을 또 구매하 는 일은 없을 것이다.

화장품 같은 경우도 마찬가지다. 예를 들어 10일에 스킨을 모두 다 썼다. 남은 용돈은 없고, 신용카드는 사용하지 않는다. 15일에 용돈이 들어오기 때문에 5일간 버텨야 한다. 이럴 때, 집 안에 있는 샘플의 재고를 파악하고 죄다 모아서 활용하면 된다. 그저 집에 모 아둔 샘플을 활용해서 5일간 잘 버티면 된다.

당장 화장대 안에 샘플들을 확인해 보자. 아마 1달은 넉넉히 쓸 수 있을 만큼의 양이 있는 경우도 있을 것이다. 이런 재고들을 소진하는 습관을 들이면 꽤 큰 금액의 생활비 절약이 가능하다. 재고가 떨어질 때까지 구매하지 않는 습관! 적어도 매달 5만 원은 세이브 가능하다.

중고로 판매하고 10만 원 벌기

버리기는 아깝고, 내가 입기엔 안 맞는 옷. 애들이 커서 더 이상 사용하지 않는 장난감과 책. 나는 이런 물건들을 거의 다 중고거래로 판매했다. 100건 이상의 중고 판매를 해본 결과, 중고거래는 빠르게 판매하는 것이 핵심이다. 물건을 올려놓고 이틀 안에 판매하겠다는 각오로 시작해야 포기하지 않는다.

우선 빠르게 내 물건을 판매하기 위해서는, 가격 경쟁력으로 어필하는 것이 단연 최고다. 판매하고자 하는 유모차 브랜드를 일단 검색해보고, 경쟁자가 제시한 가격을 본다. 이미 판매된 가격도 확인한다. 그리고 그것보다 저렴한 가격에 올림으로써 매력적인 가격 어필이 가능하다. 중고로 구매하는 사람들의 특징은 새것보다는 조금이라도 저렴한 물건을 구매하기 위해 검색하는 것이다. 그러다 보니 가격이 매력적이면 쉽고 빠르게 판매할 수 있다.

두 번째, 사진을 잘 찍어야 한다. 상표가 있는 제품이면 상표명을 잘 찍어야 하고, 제품 자체를 환하고 깔끔한 공간에서 찍어야 한다. 나는 중고로 산 유모차를 1년 반 잘 쓰고 판매할 때에도 최대한 깔끔한 상태로 여러 각도에서 사진을 찍는다. 실제로 한번 세탁을 하고 깔끔히 말려서 '세척 완료된 유모차입니다'라고 기재해 놓으면 더 잘 팔렸다.

세 번째, 시기 적절할 때 팔기. 고수들은 아이에게 맞지 않는 한복을 명절 전에 내놓는다. 또한 여름 휴가 시즌 전에 아이들의 맞지 않는 수영복을 판매한다. 이런 식으로 시즌을 노리면 보통 때보다 좋은 가격으로 판매할 수 있다.

'아름다운가게'에 기부하고 소득공제 받기

어른 옷은 웬만한 메이커 제품이 아니면 잘 팔리지 않는다. 원가의 10%로 다운시켜놔야 그제야 몇 벌 팔리기도 하는데, 그러기엔 나의 에너지와 시간이 아까웠다. 그래서 이런 성인 의류나 가방, 신발 같은 경우에는 '아름다운가게'에 기부를 한다. 이곳에서는 가격 책정을 해서 영수증을 발급해 주는데 이것은 연말정산 때 소득공제를 받을 수 있다.

다른 사람 주긴 뭐하고 버리기엔 너무 좋은 상태의 제품을 좋은 곳에 쓰이게 기부도 하며, 그 금액을 연말정산까지 받을 수 있으니 일석이조인 셈이다.

나는 직접 가서 기부를 하는데, 온라인으로 기부를 할 경우, 판매 불가한 상품까지 보내서 처치 곤란한 경우가 많다고 들었기 때문이다. 좋은 의미로 기부를 하는 것이니 사용할 수 있는 물품인지 꼭 확인받고 기부하면 좋겠다.

한 달 식비 30만 원
식비 절약 노하우

변동지출비에서도 단연 비중이 가장 큰 것은 식비이다. 요새는 물가가 너무 비싼 게 온몸으로 체감된다. 급여는 10년 전과 별반 차이가 없는데, 물가는 천정부지로 오른 것 같다. 그래서 4인 가구가 외식 한 번 하고 나면, 10만 원은 우습게 지출하게 된다. 결국, 식비 절약은 '외식을 줄이고 집밥을 먹어야 한다'는 결론이 나온다. 이것이 습관화되면 돈을 모으는 데 가속도가 붙게 된다.

짠테크 유튜버인 나는 여러 가지 절약 관련 영상을 촬영하는데, 그중에서도 식비 절약 영상이 인기가 많다. 1년 전, 짠테크라는 키워드를 잡고 유튜브를 시작할 당시만 해도 유튜브에 '일주일 집밥', '식비 절약' 영상이 많지 않았다. 그러나 요즘은 많은 분들이 다양하게 집밥으로 식비 절약 영상을 찍고 있다.

그만큼 매일 먹는 집밥이라는 콘텐츠와 절약이라는 콘텐츠의 조화는 많은 이들이 쉽게 따라 할 수 있다. 혹시 유튜브를 하고 싶은데, 콘텐츠가 없는 분들께는 절약해서 집밥 해 먹는 영상을 찍으시라고 추천드리고 싶다. 생활비도 줄고, 콘텐츠도 생산해서 돈도 버는 일석이조 콘텐츠이다. 자, 그렇다면 한 달에 30만 원으로 4인 가구가 맛있는 집밥을 어떻게 해 먹을 수 있는지 소개해 보겠다.

생활비 달력 게임

첫 번째, 즐거워야 한다. 쌩둥스레 즐거워야 한다니. 이게 무슨 소리인가 하면, 집밥 해 먹는 게 괴롭고, 절약이 힘들면 꾸준히 진행할 수가 없다. 그러니 내가 즐겁게 할 수 있는 장치를 마련하란 것이다. 나는 그것이 '생활비 달력'이었다.

생활비 달력을 구매해 거기다 매달 15만 원은 온누리상품권을 교환해서 꽂고 15만 원은 현금을 꽂는다. 그리고 온누리상품권을 교환하여 5% 할인받아 생긴 7천500원을 31일에 꽂아 둔다. 매달 이렇게 돈을 꽂아서 세팅해 놓고, 나는 이것을 게임이라고 생각한다. 그래서 매달 세팅을 마치면 외친다.

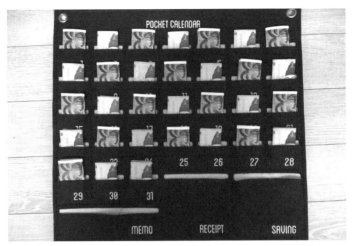

다이소나 온라인에서 5천 원 안팎으로 구입할 수 있는 생활비 달력. 매일 정해진 금액만 사용하도록 구성되어 있다.

"이번 달도 성공하자! 아자아자 파이팅!"

이 방법의 장점은 매일 만 원씩 빼가는 재미가 쏠쏠하다는 점이다. 만 원을 가지고 무슨 요리를 할 수 있을까? 어떤 식재료를 사용할까? 한 가지 식재료로 여러 가지를 만들 수 있는 요리는 무엇이 있을까? 금액이 정해져 있으니 그 금액 안에서 맛있는 요리를 하게되면 더 뿌듯하고, 요리를 잘한다는 착각 속에 빠지기도 한다. 사실 구독자분들이 요리를 잘한다고 칭찬해 주실 때마다 민망하고 부끄럽다. 나는 요리를 잘하지 못한다. 그저 성공적인 요리를 나만의 요리 노트에 적어 놓고 반복적으로 하며 노력할 뿐이다.

가족의 건강을 위해 배달음식보다 엄마 집밥을 알려주고 싶다. 내가 타지에서 살며 힘들고 지칠 때, 엄마 집밥을 생각하면 왠지 모르게 마음이 편해졌다. 아이들에게도 그런 따뜻한 추억을 만들어주고 싶었다. 요새는 엄마가 직장에 나가서 돈을 벌고, 아이들과 브런치를 즐기는 추세라는 글을 본 적이 있다. 그런데 나는 이런 부분은 시대를 역행하는 건지, 엄마의 집밥에는 외식으로 느낄 수 없는 '사랑과 추억'이 있다고 믿는다. 그래서 아이들에게 집밥을 해 주려고 노력한다.

돈도 돈이지만, 아이들과 같이 요리하기도 하고, 내가 만든 음식을 잘 먹는 아이들의 모습을 보면 매일 똑같은 일상이지만 소소한 행복을 느낀다. 절약이 별거 있겠냐만은 집밥은 절약과 동시에 사랑까지도 느낄 수 있는 소중한 추억이라고 믿는다.

마트에 자주 가자

두 번째, 대형마트를 멀리하고 중소형 마트에 자주 간다. 일단 대형마트는 최대한 가지 않는 것이 좋다. 마트에 가게 되면 식자재뿐만 아니라 각종 생필품과 옷, 화장품이 1+1으로 우리를 유혹한다.

마트에 가면, 카트에 잔뜩 물건을 담아 계산을 하는 사람을 본다. 15만 원이 넘는 금액을 신용카드로 계산한다. 우리집 15일 치 식비를 한방에 긁는 그분을 보고 있으면 신기하다. 나는 그렇게 많은 양의 장을 보는 것은 감당하기 힘들다.

예를 들어보자. 오징어, 삼겹살, 소고기, 야채, 우유, 과자, 요구르트, 맥주, 김치, 치킨, 참치, 햄, 라면, 김, 고등어 등등 잔뜩 장을 봐 집으로 간다. 다들 공감하겠지만 신기하게도 장을 보고 집에 가면 그렇게 밥하기가 귀찮다. 이미 장 보느라 온 에너지를 다 써서 지쳤기 때문이다. 어쩔 수 없이 가장 쉽게 할 수 있는 메뉴인 삼겹살을 구워서 먹는다. 그다음 날 오징어국을 끓인다. 다음 날이 되면 먹고 싶은 게 없다. 일주일 치 장을 봐왔는데, 갑자기 황태 콩나물 해장국이 먹고 싶다. 그래서 또 집 앞 슈퍼에 가서 콩나물과 황태를 사 온다. 구매해 놓은 소고기와 고등어는 냉동실로 들어간다. 그리고 냉동실에 들어간 식재료들은 몇 달간 우리의 기억 속에서 사라지고 만다. 이것을 딱 3달만 반복하면 냉동고가 터질 지경이 된다.

이런 경험이 누구나 있을 것이다. 나는 매일 먹고 싶은 음식이 다르고, 하고 싶은 요리도 다르다. 누가 차려주면 군말 없이 먹겠지만, 매일 내가 요리하기 때문에 나의 컨디션에 따라 빠르게 할 수 있는 메뉴, 혹은 조금 복잡해도 쟁여 놓고 먹을 수 있는 메뉴를 그날 그날 정한다. 또한, 가장 신선한 식재료를 이용해서 요리하는 것을 선호한다. 요리를 잘하지 못하는 나에게 있어서 식재료의 신선도는 매우 중요하다. 한우라 할지라도 냉동실에 한 번 들어갔다 나온 한우는 그렇게 맛있지 않다. 냉장고 없이 살 수는 없겠지만, 냉장고에 식재료가 보일 정도의 공간을 확보해 놓으면 굳이 냉장고 지도를 적을 필요 없이 딱딱 재료를 확인할 수 있다.

짠돌이 카페에서는 '냉파(냉장고 파먹기)'라는 말을 사용한다. 5일 정도 매일 장을 보면서 요리를 하다 보면 필연적으로 자투리 식재료가 남는다. 그럼 남은 2일은 자투리 식재료를 최대한 사용해 음식을 하는 것이다. 호박, 당근 등 남은 채소에 칼국수만 사와서 칼국수를 끓여도 되고, 김치와 토마토를 이용해서 토마토 김치찌개를 끓여도 좋다. 이런 식으로, 식재료를 한번 털고 나면 냉장고가 훤해지고 며칠간 지출을 줄일 수 있다.

아, 이런 매일 장보기는 내가 현재 전업주부, 집에서 일하는 엄마이기 때문에 가능하다. 하지만 워킹맘은 매일 요리를 한다는 거 자체가 고문이다. 나 역시 일하며 육아를 해 봤기에 그 고충을 알고 있다. 그럴 경우 집 앞 중소형 마트에서 3일 치 장을 봐서 음식을 하고, 하루 정도는 반찬가게에 가서 만 원어치 국과 반찬을 사오는 것을 추천한다. 일하고 와서 밥하는 게 정말 죽을 만큼 괴로운 날이 있다. 그런 날마다 배달음식을 계속 시켜 먹으면 식비는 절대 줄일 수가 없다. 한 번 시켜 먹으면 두 번은 쉽고 세 번은 더 쉽다. 그럴 바에는 반찬가게에 가서 만 원어치 반찬을 사오는 게 훨씬 합리적이다.

외식은 비용을 따로 정해놓고 그 금액 안에서 주말에 가족들과 한 달에 2~3번 정도 즐기면 식비가 많이 줄 것이다. 나 같은 경우 외식은 블로그 체험단을 이용하기 때문에, 외식비가 거의 들지 않는다. 하루에 짬짬이 1시간 이내의 포스팅을 하면서 5만 원 이상의 식비를 줄일 수 있기 때문에 나처럼 집에서 아이를 돌보는 엄마들에게 추천한다. 하는 방법은 뒤에 좀 더 자세히 다루도록 하겠다.

우리집은 블로그 체험단으로 외식을 해결하고, 보통은 집밥을 해 먹기 때문에 한 달 식비가 28만 원 정도면 충분하다. 남은 식비 2만 원은 열심히 집밥을 만든 나를 위해 보상을 한다. 바로 커피. 나는 커피를 마시며 책을 읽을 때 말할 수 없는 행복감을 느낀다. 이 행복을 느끼기 위해 집밥도 열심히 해 먹는 거 같다.

집밥도 전략이다

세 번째, 전략적으로 메뉴를 정하자. 나의 경우 30만 원 한 달 식비 미션을 하게 되면서 전략적으로 식재료를 구매하자 이전보다 더 다양한 요리를 시도하게 되었다. 한정된 식비에 의기소침하기보단, 어떻게 하면 저렴한 식재료로 건강하고 맛있는 요리를 할 수 있을지에 대해 고민했다. 그랬더니 살림도 요리도 내게 의미 있는 일이 되고, 삶이 즐거워지기 시작했다.

월요일, 닭계장을 해 먹기로 했다. 닭은 저렴하니 재료비를 8천 원 정도로 마무리할 수 있다. 그럼 나에게 세이브(save) 머니가 2천 원 쌓이게 된다.

화요일, 8천 원어치 돼지고기를 먹을 예정이다. 세이브 머니 2천 원. 돼지고기는 삼겹살보다는 앞다리살, 앞다리살보다는 뒷다리살이 저렴하다. 나는 주로 앞다리살을 이용해서 불고기 거리를 구입하여 고추장 양념, 간장 양념 두 개로 만들어서 먹는다. 고기만 넣으면 양이 적기 때문에 팽이버섯, 느타리버섯과 같이 저렴한 버섯과, 양파, 당근을 잔뜩 넣으면 양이 두 배가 된다.

수요일, 야채 볶음밥을 먹는다. 무지출. 야채는 쓰고 남은 부분을 그때 그때 다 잘게 썰어 소분해서 냉동실에 보관해 놓았기 때문에 해 먹기 너무 간단하다. 냉동실에 넣어둔 얼린 야채를 톡 털어서 볶아주면 된다. 아이들이 좋아하는 햄도 큼지막하게 썰어서 같이 볶아주면 아이들이 햄야채 볶음밥을 굉장히 맛있게 먹어준다.

목요일. 드디어 소고기다. 소고기를 먹기 위해 세이브 머니를 만든 것이다. 월요일 2천 원, 화요일 2천 원, 수요일 1만 원, 목요일 1만 원, 총 2만4천 원의 여윳돈이 생긴 것이다. 이 돈으로 소고기를 사 먹는다.

금요일. 다시 만 원으로 콩나물국도 끓이고, 버섯볶음도 만들고, 애호박 볶음도 만든다. 만 원이면 충분하다.

월화수목금, 닭고기, 소고기, 돼지고기 어느 것 빠지지 않고 충분히 먹으며 하루 만 원으로 생활할 수 있다. 식비가 많이 든다고 건강하고 풍족하게 먹는다는 것은 착각이다. 식비를 많이 쓴다는 것은 곧, 외식과 배달음식을 많이 먹는다는 이야기이다.

가장 건강한 식재료는 제철에 나는 식재료이고, 가장 건강한 음식은 집밥임을 명심하자. 비타민 등 각종 건강식품을 챙겨 먹으면서 외식을 한다는 것은 모순이다. 1순위는 건강한 식사다.

돈도 절약하고 건강까지 챙길 수 있는 집밥을 강력히 추천한다. 그 노력의 결실이 나의 가족 건강에 직결되고 우리 가정 경제에 디딤돌이 된다는 것을 명심하자.

블로그가 밥 먹여 준다

네 번째, 외식은 블로그 체험단 활용하자. 4인 가구가 외식을 하게 되면 10만 원은 우스울 정도로 훅 하고 나갈 수 있다. 그래서 우리 집은 외식을 블로그 체험단으로 해결한다. 블로그 체험단을 모집하는 사이트에 들어가서 원하는 음식점을 신청하여 채택되면 그 음식점에 가서 음식을 먹고 블로그에 리뷰를 올리면 된다.

블로그 체험단을 중계하는 사이트는 굉장히 많다. 대표적으로 '레뷰', '서울오빠', '쉬즈 블로그'가 있다. 레뷰 같은 경우는 가장 공신력이 있는 곳이며, 이런 곳은 방문자 지수가 높은 블로거들이 참여할 가능성이 높기 때문에 당첨 확률이 낮을 수 있다.

나는 그래서 조금 덜 유명한 체험단 사이트에 가서 신청하는 편이다. 그런 사이트를 찾는 방법은 두 가지가 있는데, 첫 번째 방법은 네이버에서 연관검색어를 통해 찾아내는 방법이고, 두 번째 방법은 나와 비슷한 방문자 수가 들어오는 블로거가 하는 체험단을 보고 따라 신청하는 것이다. 그 사람이랑 나랑 비슷하다면 나도 채택될 가능성이 높다.

블로그 체험단을 신청하는 데도 원칙이 필요하다. 처음엔 삼겹살, 족발, 커피 이런 식으로 식당을 마구잡이로 신청했는데, 막상 당첨되고 갈 수 없는 경우도 발생했다. 그러면 취소를 해야 하는데

이렇게 취소를 하게 되면 체험단 업체 쪽에서 패널티를 부여하게
된다. 그러면 다음에 뽑힐 가능성이 낮아진다. 그 이후부터는 너무
큰 과욕은 버리고 한 달에 4개 정도만 신청하는 나만의 규칙을 세
웠다.

　최근에 나는 외식비를 줄이기 위해서 '쉬즈블로그'를 이용하는
편이다. 이곳은 쉬즈블로그1, 2, 3, 4, 5, 6까지 여섯 개나 된다. 선택
할 수 있는 폭도 넓고, 나를 잘 선정해 주는 곳이기에 꾸준히 이용
중이다. 참고로 이 곳에서 '앙코르'라고 써져 있는 식당은 당첨 확
률이 높다. 처음에는 사진도 찍고 영상도 찍고 정신이 없었는데, 블
로그 체험단도 하다 보니 딱딱 포인트만 재빠르게 찍고 가족들과
외식을 즐길 수 있게 되었다.

　여기서 명심해야 할 점은 우리가 공짜로 체험을 하는 게 아니라
는 것이다. 집에 가서 귀한 시간과 우리의 노동력을 투자하여 리뷰
를 작성해야 한다. 요즘은 인터넷으로 홍보를 해야 하는 세상이다.
업체 측에서도 블로그 체험단은 꼭 필요한 존재임을 잊지 말고 당
당하게 체험을 하고 정성스러운 포스팅을 남기도록 하자.

안 살 수는 없고 사기는 아까운
육아용품 비용 아끼는 법

아이를 위한 행복한 절약

"이 조그만 아기한테 돈이 이렇게나 많이 들 줄이야!"

보통 출산과 동시에 식구는 늘어나고 외벌이가 된다. 복지가 좋은 회사이거나 공무원 같은 경우는 육아수당이 나오지만, 대개는 내 자리가 없어질까 전전긍긍하면서 육아휴직조차 맘 놓고 쓸 수가 없다. 많은 엄마들이 결국 아이를 낳고, 일을 그만두게 된다. 수입은 절반이 되고 지출은 2배가 되는 상황. 남들처럼 쓰면 돈을 모을 수 없다. 아기가 어릴 때가 돈 모으기의 마지막 기회일 수도 있다. 시간은 돈이다. 하루라도 젊은 지금이 바로 우리가 돈 모을 황금 같은 시기임을 잊지 말자.

　첫애를 출산하고 처음 6개월간 돈을 모으는 게 굉장히 힘들었다. 출산도 육아도 처음이다 보니 모든 게 서툴고 어렵기만 했다. 그 피로감과 무기력에 의한 스트레스는 결국 돈을 쓰면서 해소하게 되었다. 아기가 잠든 낮잠 시간. 나름 짠순이라 자부했던 나도 잠이 부족하고 피곤하니 그 공허함을 달래기 위해 점점 쇼핑을 하기 시작했다. 처음에는 기저귀와 물티슈만 사려고 했으나, '최저가', '1+1'이라는 혜택들이 나를 유혹했고, 결국 이것저것 비싸지는 않지만 자잘한 것들을 사기 시작했다.

　내가 생각하는 가장 위험한 쇼핑 스타일이 바로 자잘한 아이템을 계속 사는 것이다. 그런데 그것을 내가 하고 있는 것이 아닌가! 그달 정산을 하면, 비싼 것은 하나도 안 샀는데 통장에는 돈이 남아 있지 않았다. 이대로 살다간 평생 돈을 모으지 못할 거 같았다. 가계부를 쓰면서 '이건 아닌데. 아닌 걸 아는데….'라며 답답해했다.

　다행히 아이가 6개월 정도 되니, 잠도 좀 길어지고, 나 역시도 살 것 같았다. 육아라는 것에 조금씩 익숙해지기 시작하면서 현실 파악이 되기 시작했고, 남들이 좋다고 추천하는 아이템을 사는 것이 능사가 아님을 알게 되었다. 아이를 키우면서 돈이 너무 많이 들까 봐 고민하는 사람들을 많이 보았다. 나는 적은 돈으로 두 아이를 키우며 즐겁게 사는 방법을 계속 실천하고 있으며, 지금도 계속 연구

중이다. 결국 아이를 건강하게 그리고 행복하게 키우는 건 엄마 아빠의 사랑이다. 아이를 키우며 행복한 절약을 하는 삶을 6년째 실천 중인 나의 절약 노하우를 낱낱이 공개한다.

산모교실 다니며 출산용품 받고 태교하기

남편이 아침부터 분주한 나를 보며 묻는다.

"오늘은 또 어디가?"

"서울 대치동 산모교실. 늦었어, 서둘러야 해!"

"임산부가 나보다 더 바쁜 거 같아, 몸은 괜찮아?"

"걱정 마, 오늘은 내가 반드시 카시트 받아 온다!"

여행 가이드였던 나는 직업 특성상 임신과 동시에 일을 그만두게 되었고 집에만 있는 게 답답하고, 축 처지는 느낌이 들었다. 살림에 도움이 될 만한 무언가를 찾던 중 블로그를 통해서 산모교실이라는 것을 알게 되었다. 지금도 검색창에 '산모교실 리스트'라고 검색하면, 6년 전이나 지금이나 비슷하게 많은 곳에서 산모교실을 진행하고 있다.

상위 노출되는 5개의 블로그만 봐도 최근에 어떤 산모교실에서 어떤 사은품과 정보를 얻을 수 있는지 알 수 있다. 나는 산모교실 리스트를 엑셀 파일로 만들었고, 스케줄을 짜서 다니기 시작했다. 무슨 일이건 계획을 짜고 스케줄 대로 움직이는 것이 좋았다. 그렇게 전략적으로 일주일에 2개 정도씩 25군데 정도 돌았다.

처음 임신을 하고 '출산 준비 리스트'라는 것을 보고 경악을 금치 못했다.

'이렇게 많은 게 필요해?'

그러나 너무 걱정할 필요가 없었다. 나는 산모교실에서 리스트에 있던 거의 모든 출산 준비 물품을 받을 수 있었다. 기저귀, 아기 세제, 아기 로션, 아기 베개, 실리콘 턱받이, 오가닉 속싸개, 카시트, 아기 칫솔, 아기 치약, 욕조, 배냇저고리, 손수건, 물티슈, 젖병 등 살 것이 없을 정도로 정말 다양한 육아용품을 받았다. 되레 아기에게 미안한 마음에 배냇저고리 두 벌을 친정어머니가 사 주셨다. 결론적으로 내가 산 것은 거의 없었다. 모두 산모교실 경품으로 채운 것이다.

이런 경품에 잘 당첨되기 위한 팁을 공개하면 우선 앞자리 사회자가 잘 보이는 곳에 앉는다. 사회자는 반응이 좋은 산모에게 선물을 주기 마련인데 앞에서 큰 목소리로 대답만 잘해도 남들보다 두 배는 받아올 수 있다. 나는 앞에 나갈 용기는 없었지만 내 자리에서 대답은 잘해서 사회자에게 많은 선물을 받아왔다. 18번째 산모교실에선 300명 중에 2등으로 당첨되어 40만 원 상당의 카시트를 받기도 했다. 지금 그 카시트는 둘째가 잘 쓰고 있다.

산모교실에서는 경품뿐만 아니라 임신에서 출산까지의 과정, 태교, 손 유희, 출산에 관한 정보를 전문가에게 얻을 수 있었다. 가장 좋았던 산모교실은 태교음악회였다. 6개월 정도 되면 아기가 외부 소리를 듣고 발로 살짝쿵 차기 시작하는데 테너의 음성에 아이가 발을 차는 게 너무 신기했다. 클래식 음악도 듣고 경품도 받으며 나름 호사스러운 출산 준비를 했다. 최대한 돈을 쓰지 않되 나에게 적합한 정보를 얻고자 노력했고, 그것을 기록하고 스케줄을 짜서 출산 준비와 태교를 했다.

보건소 산모교실

지역 보건소에서도 산모교실을 운영한다. 임신을 하면 보건소에 가게 되는데, 엽산제 철분제도 챙기면서 보건소에서 하는 프로그램의 일정도 잘 체크해 두면 좋다. 나는 다이어리에 신청 기간을 다 적어놓고 빠짐없이 들으러 다녔다. 정부에서 하는 교육이다 보니 영아 산통의 원인이라던가 신생아 목욕시키기와 같은 실질적 노하우를 배울 수 있었다. 보건소 역시 손수건, 배냇저고리, 기저귀, 속싸개 등 오가닉 제품을 선물로 잔뜩 받아와서 둘째까지 잘 사용할 수 있었다.

산부인과 프로그램

요즘은 산부인과에서도 다양한 프로그램을 운영한다. 태교로 아이 이불과

베개를 만드는 수업에 참여했다. 후기만 잘 써도 임산부 필수품인 비타민 D 영양제도 받을 수 있어서 부지런히 후기를 써서 받았다. 몸이 무겁다고 집에만 있지 않았고, 밖에 나가 바느질 태교도 하고, 아기 이불도 내 손으로 만들어보며 엄마가 될 준비를 했다.

집에서 받을 수 있는 임신축하박스

산모가 몸이 조금 불편하거나 외출을 삼가해야 하는 경우도 있다. 이런 산모들에게는 인터넷으로 신청할 수 있는 '임신축하박스'를 추천한다. 검색창에 '무료임신축하선물'이라고 검색해보자. 기저귀나 분유 업체와 같이 육아맘들이 타깃인 기업, 그리고 맘카페에서 임신 주기별로 선물을 주는 이벤트를 진행하고 있다. 나는 정보를 놓치지 않고 신청을 한 결과 신생아 기저귀는 구매할 필요가 없을 정도로 많이 쟁여 놓게 되었다.

성장앨범은 그때그때 찍는 걸로

아기를 낳고 엄마들의 고민은 시작된다. 그중의 하나가 성장앨범이다.

"다들 성장앨범을 찍는다는데, 어쩌지?"

상담을 받아본 결과 패키지 가격은 100만 원이 넘었다. 큰 비용을 들이고 사진을 찍어야 할지 고민스러웠다. 남들은 다 찍어준다는데, 나만 아깝다고 생각하는 게 좀 아닌가 싶기도 했다. 그러나 무료로 50일 사진을 찍어준다고 하여 사진관에 가보니 아이의 컨디션을 조절하며 사진을 찍는게 여간 쉬운 일이 아니었다. '누구를 위해 이 사진을 찍는 거지?'라는 의문이 들었다. 그래서 나는 과감히 성장앨범보다는 1년에 한 번씩 찍는 것을 선택했다.

우리 때에는 돌사진과 백일사진이 각각 한 장씩 사진첩에 있지 않았는가. 나는 그 한 장으로도 충분하다고 생각했다. 그래서 매해 아이들이 커가는 모습을 딱 한 장씩만 찍는다. 가격은 5만 원 안팎이다. 그리고 3장 인화를 한다. 액자는 다이소에서 구입해 한 장은 친정, 한 장은 시댁 그리고 한 장은 우리 사진첩에 넣어 놓는다. 그렇게 사진 찍는 스트레스도 덜고 금전적으로도 마음이 편해졌다.

아이 성장앨범 저렴하게 만드는 법

❶ '맘스 다이어리'라는 앱에서 100일 일기 쓰기를 하면 무료로 사진첩을 받을 수 있다.

❷ 스튜디오만 시간 단위로 대여해서 엄마와 아빠가 옷을 준비하고 찍기도 한다.

❸ 인터넷으로 스마트폰에 저장된 사진을 모아서 사진첩을 만들 수 있다.

❹ 크몽과 같은 재능마켓에서 유니크한 앨범을 만들 수 있다.

❺ 블로그 체험단을 이용해서 업체를 홍보하고 가족사진을 찍을 수 있다.

맘카페 드림과 중고거래 이용하기

출산 전 임신출산박람회에 한 번씩은 들르게 된다. 고가의 유모차, 카시트가 눈에 띈다. 100만 원이 넘는 유모차를 밀어본다. 기가막히게 좋아 보인다. 그렇다고 '이걸 꼭 사고야 말겠어'란 마음이 들지는 않는다. 이런 제품이 있구나 하고 둘러 보며 육아용품의 진화를 다시 한번 실감한다. 그리고 마음에 드는 제품의 정가를 파악한 뒤, 중고가격은 얼마인지 알아본다.

여유가 있는 사람들은 고가의 육아용품을 구매하는 것에 반대하지 않지만, 남들 눈을 의식해서 분수에 맞지 않는 과소비는 조금 문제가 있다고 생각한다. 비싼 명품 가방을 들었다고 당신이 명품이 되는 것은 아니다.

우리가 사는 세상은 불안을 조장한다. 행복하면 사람들이 소비를 하지 않는다. 그래서 항상 불안하게 만든다. 이 비싼 유모차를 타면, 안전하고 아이들이 더 편안하게 잘 수 있다고 마케팅한다. 사실 요새 나오는 유모차는 다 좋다. 기능도 좋고 내구성도 거의 다 괜찮다. 나는 육아용품뿐만 아니라 모든 구매를 할 때, 불안함을 조장하는 마케팅에 넘어가지 않으려 노력한다. 그냥 내 기준으로 이것이 필요한 것인지 아닌지, 가격은 합리적인지 아니면 조금 비싼지 판단한다. 그리고 내가 세운 기준과 우리 살림에 부담이 되지 않는 선에서 구매를 한다.

　육아용품도 굳이 새 제품을 선호하지 않았다. 임신 중에 유모차를 사는 분이 있는데, 정작 유모차를 탈 시기에 아기가 유모차를 거부해서 아기띠만 하고 다닌 엄마도 많이 보았다. 미리 육아용품을 사는 것은 추천하지 않는다. 이 가격이 마지막 세일 가격이라 말해서 지금 안 사면 손해 보는 것처럼 만드는 게 바로 영업이다. 너무 걱정할 필요 없다. 살 때가 되면 더 좋은 가격에 더 좋은 제품이 당신을 기다린다.

　나는 아기띠를 5개월 정도 하고 다니다가 지역 맘카페 중고나라를 통해 2만 원을 주고 유모차를 구매했다. 당시 비가 오는 날이었는데, 디럭스급에 양방향 호환이 가능하고 깔끔한 유모차를 놓칠 수 없어서 아기띠를 메고 우산을 쓰고 가서 구입해 왔다. 그리고 1년간 깨끗하게 잘 사용한 뒤에 2만 원에 되팔았다. 결국 유모차에 들어간 돈은 0원이었다. 아이가 둘이 된 이후에는 누군가 쌍둥이 유모차를 아파트 단지 분리수거하는 곳에 내다 놓은 것을 주워, 깨끗이 빨아 애 둘을 태우고 다녔다. 그리고 1년 뒤에 중고나라에 1만 원에 팔았다. 지금 생각하면 독하다 싶을 정도지만 빚을 갚는 게 목표였기에 전혀 부끄럽지 않았다. 멀쩡한 제품을 너무나 쉽게 버리는 것이 되레 마음이 불편했다.

　아기 식탁의자 같은 경우에도 드림(사용자가 무료로 나눠주는 행위)

으로 받았다. 내가 원하는 물품이 있을 때에는 알람 설정을 해 놓는다. 무료 드림 같은 경우는 빨리 댓글을 달아야 하는데, 그러기 위해선 알람을 꼭 신청해 두어야 한다. 그 외에도 아기 자석칠판, 블록, 신발, 옷 등도 무료 드림으로 받아서 사용했다.

주변 지인들에게 아기 옷이 작아서 못 입는 옷이 있으면 달라고 적극적으로 말해서 받아오기도 했다. 내가 예민한 성격이었으면 주는 사람도 고민했겠지만, 나는 "조금 헤져도 상관없으니 집에서 입게 주세요."라고 적극적으로 '나는 예민하지 않다는 것'을 어필했다. 이게 왜 중요하냐면, 옷이나 신발을 주고 싶어도 이걸 주고 욕먹으면 어쩌지라고 생각하는 사람들이 은근히 많기 때문이다. 아이들은 옷을 조심스럽게 입지 않고 음식을 흘리고 묻혀서 얼룩이 있는 내복이 많다.

미니멀한 살림을 추구하지만 아이 옷만큼은 주는대로 받고 정리해서 시즌별로 넣어 놓는다. 아이들 운동화 같은 경우에도 한 켤레에 6만 원 상당한다. 이런 운동화를 2~3켤레씩 지인들에게 받으면 세탁소에 간다. 내가 빨아도 되지만, 세탁소에 3천 원을 주고 운동화를 빨면 정말 깨끗한 새 운동화가 된다. 사실 쭈그려서 운동화를 빨고 있으면 내 자신이 초라해질까봐 3천 원을 투자해 마음을 달래는 것이다. 이처럼 가끔 유리 멘탈이 될 때 내 자신이 무너지지 않게 장치를 걸어 놓았다. 3천 원을 투자해서 새 운동화처럼 깨끗해져서 비닐에 싸인 6만 원짜리 운동화를 신발장에 넣어 놓으면, 쇼핑에 대한 욕구가 확 줄어든다.

절약을 오랫동안 지속하기 위해선 내 마음의 강약조절이 굉장히 중요하다. 너무 타이트하게 꽉 졸라매면 결국 소비욕구가 터진다. 적당한 나만의 페이스를 조절하는 것. 그것이 핵심이다. 또한 무료로 드림을 받는다고 빈손으로 찾아간 적은 없다. 아기를 키우는 엄마다 보니 조그마한 과자나 커피라도 사가서 성의를 표하곤 했다.

지인에게 받은 옷들을 깔끔하게 접어서 넣어 놓고, 시즌마다 옷박스에서 옷을 꺼내면 마치 상점에서 옷을 구매하는 느낌이다. 그중에서 정말 괜찮고 나름 고가의 옷들은 A급으로 분류하고, 약간 보풀이 있는 옷들은 B급으로 분류해서 집에서 입힌다.

요즘은 되레 내가 드림을 한다. 둘째가 세 살이 되어 그 전에 썼던 물건을 드림하고 있다. 중고로 팔기엔 조금 하자가 있지만, 그래도 버리기 아까운 아이템들을 무료 드림을 하려고 한다. 나처럼 한 푼이라도 절약해서 육아비를 아끼는 엄마들의 마음을 누구보다 잘 알고 있으므로 귀찮아도 종종 하는 편이다.

금방금방 자라는 아이들의 옷과 신발을 시즌마다 구매했다면 지금처럼 빚을 공격적으로 갚지 못했을 것이다. 목표가 있는 삶은 아름답다. 절대 궁상이라 생각하지 말고 아이에게 미안해하지도 말자. 단단한 마음으로 현재 젊은 날의 절약을 미래의 작은 부자가 되는 발판으로 만들자. 그러면 그것은 절약도 궁상도 아닌, 아름다운 추억으로 남을 것이다. 나의 현재를 아름다운 추억으로 만들지, 지지리 궁상으로 만들지는 지금 내가 어떻게 하는가에 달려 있다.

비싼 장난감을 사주는 게 부모 노릇일까

어느 TV프로그램에서 아이의 방에 있는 장난감을 치워버리고, 며칠간 아이가 어떻게 지내는지 관찰하는 방송을 본 적이 있다. 엄마는 장난감이 없으면 아이가 놀 게 없다며 걱정했지만, 원에 다녀온 아이는 처음에는 당황하다가 얼마 지나지 않아 집 안에 있는 다른 것들을 활용해서 노는 모습을 보여주었다. 방송에 출연한 엄마가 굉장히 놀라는 반응을 보였다.

나 역시도 사실 조금 놀랐다. '장난감은 아이들보다 어른들을 위한 것이 아닐까?'라는 생각이 들었다. 어린 시절 우리집에는 장난감이 그렇게 많지 않았다. 나는 종이에 공주 그림을 그리고 동생과 함께 그것을 오려서 종이 인형 놀이를 종일 하곤 했다. 상상해서 그림을 그리고, 그것을 오려서 놀이를 하는 게 참 재미있었다.

비싼 장난감을 사주는 것은 부모가 반드시 해야 하는 일일까? 사실은 장난감을 애 손에 쥐어주고 부모는 TV를 보거나 스마트폰을 하고 싶은 건 아닌지 가슴에 손을 얹고 생각해보길 바란다. 아이들은 비싼 장난감보다 부모와 노는 것을 더 좋아한다. 로봇 장난감보다 흙놀이터에 나가서 나뭇가지와 풀, 돌을 주어 노는 것을 더 좋아한다. 심지어 개미떼라도 만나면 그날은 30분 이상 쭈구리고 앉아서 개미를 보며 신이 난 아이의 얼굴을 보게 될 것이다.

나는 장난감을 정말 안 사주는 편이다. 내가 안 사줘도 어린이집, 유치원, 매년 생일선물, 크리스마스 선물로 주변에서 받아오는 장난감이 많기 때문이다. 요샌 어린이집 프로그램에서 오감 놀이 수업을 해 한 주에 한 다발씩 장난감을 받아와서 처치 곤란할 지경이다. 그만큼 주변에서 받아오는 자잘한 장난감들이 넘쳐 난다. 두 아들을 키우다 보니 로봇 장난감을 가지고 싶어 하는 경우도 있는데, 그때에는 중고나라 신공을 발휘하는 남편이 5~6만 원이 넘는 로봇 장난감을 저렴한 가격에 구매해 온다. 부인의 절약하는 모습을 보고 차마 새 것은 사지 못하고, 중고로 사 왔다고 말해주는 남편이 있었기에 나의 절약 생활은 즐거웠다.

나는 뭐든지 너무 많이 소유하면, 오히려 독이 된다고 생각한다. 일단 넘치면 소중한 줄 모르고 귀한 줄을 모른다. 가끔은 너무나 미치도록 갖고 싶은 마음을 알려줘야 한다. 그래야 그 물건이 내 손안에 들어왔을 때 행복은 남들보다 10배, 100배가 될 수 있다고 믿는다.

장난감, 사지 말고 대여하자

❶ 연령대별로 잠깐 사용하는 장난감은 인터넷 대여를 한다. 예를 들면 점 퍼루, 쏘서, 바운서와 같은 것은 딱 사용할 수 있는 시기가 한정되어 있 다. 이런 장난감은 구매하지 않고 인터넷에서 대여를 해서 사용하고 반 납했다. 2달에 2만 원 정도의 금액으로 10만 원이 넘는 고가의 육아템 을 적절한 연령대에 사용하고 반납하면 집에 사용하지 않는 장난감이 쌓여서 공간을 차지하는 것도 막을 수 있고, 합리적인 가격에 아이들에 게 놀잇감을 제공할 수 있다.

❷ 큰마음 먹고 5만 원짜리 장난감을 사준다. 아이들은 신이 나서 장난감 을 가지고 논다. 며칠 뒤에도 그 장난감을 가지고 처음처럼 신이 나서 놀고 있는 아이는 드물다. 그러다 보니 새 것을 사주어도 그때뿐 또 다 른 장난감을 원한다. 이럴 때 필요한 것이 '무료 장난감 대여'이다. 지 역마다 무료로 장난감을 대여해 주는 곳이 많다. 내가 사는 인천에는 '도담도담'이라는 장난감 대여점이 있다. 이곳에서 연회비 만 원을 내 고 2주에 한 번씩 장난감 2개를 빌릴 수 있다. 2주에 한 번씩 자신이 원하는 장난감을 고르고 그것을 가지고 놀게 하는 것도 하나의 대안 이다.

❸ 정부에서 운영하는 중앙육아종합지원센터 사이트에 가면 장난감 대여 가 가능한 지역 확인이 가능하다.
http://central.childcare.go.kr

도서관을 적극적으로 이용하자

아이를 키우면서 육아서를 읽다 보니, 책육아에 대해서 알게 되었다. 아이들에게 가장 좋은 보약은 책이라는 글을 읽었다. '아, 나도 좋은 엄마가 되겠어. 아이들에게 많은 책을 읽어줘야지.' 하고 열정이 불끈 솟았다. 그런데 아이들 책값이 만만치 않았다.

처음 24개월 미만까지는 저렴한 책 위주로 한 질씩 들였기에 그렇게 큰 부담이 되지 않았다. 그러나 아이가 점점 커가면서 책의 글밥도 많아지고 유명 메이커 서적들이 눈에 들어왔다. 하지만 그 책들의 가격은 30만 원이 훌쩍 넘었다. 매달 30만 원씩 책을 살 여유는 없었다. 그래서 방법이 없을까 고민하다가 '개똥이네'를 알게 되었다. 이곳은 중고서적을 모아서 파는 곳이다. 급을 나눠서 같은 책이라도 저렴하게, 혹은 새것 같은 책을 새 책보다는 저렴하게 구매할 수 있다. 나는 이곳을 이용해서 3분의 1의 가격으로 책을 구매해서 아이에게 읽혔다.

이제 아이가 좀 더 커서 공공도서관을 이용한다. 아이가 어릴 때에는 책을 찢거나 물을 수 있어서 공공도서관 책을 이용하기 힘들었는데, 조금 크니 이제는 도서관에서 책을 대여해서 읽히는 편이다. 참고로 아이 1명당 5권을 빌릴 수 있고, 가족회원으로 묶으면 4인 가족 최대 20권을 빌릴 수 있다.

'북스타트 운동'은 많이 들어봤을 것이다. 한 아이당 2권의 책을 연령대별로 3단계로 나눠서 제공하는 제도이다. 에코백에 책 2권을 무료로 받을 수 있다. 엄마의 신분증과 주민등록등본을 들고 지역 도서관에 가면 북스타트 선생님이 계신다. 아이와 함께 가면 받은 책을 재미있게 읽어주셔서 무료로 책도 받고 아이에게 책 읽어주는 법도 배우고 올 수 있다. 단, 도서관마다 제공하는 요일이 다르니 북스타트를 제공하는 날짜를 미리 확인하고 가서 받도록 하자.

나는 도서관에서 1년 넘게 아르바이트를 하다 보니 책을 함께 읽는 부모와 아이들의 모습을 정말 많이 보았다. 주말에 아빠와 아들이 함께 독서하는 모습을 보고 있으면 내 마음마저 뿌듯하다. 거창한 곳에 가지 않아도 주말에 가족과 도서관에 가서 무료 프로그램도 즐기고, 도서관 영화도 즐기고 독서도 하고 오는 하루를 추천한다.

사교육비 줄이기

우리나라는 영어유치원이 있을 정도로 영어에 대한 교육열이 높다. 살면서 영어를 잘한다는 것은 남들보다 몇 배는 더 많은 기회를 확장시킬 수 있다는 것을 알기에 우리 아이들도 영어교육에 대해서는 긍정적이다. 그렇다고 비싼 영어유치원을 보낼 수는 없는 노롯이었다. 그러다 주변 엄마들에게 무료로 동사무소에서 분기별로 원어민 영어수업이 있다는 것을 알게 되었다.

이런 알짜배기 수업은 인기가 많다. 그러니 신청하는 날짜와 시간까지 정확히 알람을 맞춰 놓고 그 시간 전에 로그인한 뒤 대기하고 있어야 한다. 인기 프로그램은 오픈하자마자 마감이 되기 때문이다. 각 지역마다 이런 프로그램들이 많이 있다. 동사무소, 공공도서관, 구청에서 하는 무료 수업을 잘 활용하여 아이들에게 다양한 배움의 기회를 제공해주자. 나는 문화생활 역시도 공짜로 아이들과 보러 가는 편이다. 구청에서 뮤지컬이나 음악회를 보러 가기도 하고, 도서관에서 마술 공연과 영화를 보기도 한다.

열심히 책을 읽어준 덕분인지 큰아이는 5살 때부터 스스로 글을 조금씩 읽기 시작했다. 나는 아이가 글자에 관심을 가진 후부터는 장을 보러 함께 나갈 때 길가의 간판을 읽으며 천천히 걸어간다. 자연스럽게 생활 속에서 배운 한글이라 우리 아이는 한글 공부가 즐겁다고 한다. 사실 나도 예전에 혹하는 마음에 잠깐 학습지를 시킨 적이 있는데 지금은 따로 하고 있지는 않다. 왜냐하면 인터넷에 무료로 제공하는 학습지와 정보들이 은근히 많기 때문이다. 엄마가 조금만 부지런하게 이런 사이트를 정리해서 모아 놓으면, 필요할 때마다 적절한 학습 프린트물을 뽑아서 활용할 수 있다.

5년 동안 외벌이로
1억 갚는 노하우

급여 날은 대출 갚는 날

선저축 후지출! 두 말 하면 입 아픈 거 안다. 하지만 우리집 같은 경우는 담보 대출을 많이 받아 집을 사다 보니 선상환 후지출이다. 그래서 남편의 급여가 들어오는 날은 대출금 갚는 날이다. 월급날 이라고 외식이나 쇼핑은 없다. 이미 정해져 있는 예산대로 돈을 쪼개고, 대출금을 갚는다. 쓰고 남는 돈으로는 절대로 돈을 모을 수도 갚을 수도 없다. 일단 갚고 남는 돈으로 사는 연습을 해야 한다.

이런 삶에 지치지 않기 위해서는 소비하는 희열보다 대출 갚는 기쁨을 더 크게 느껴야 한다. 나는 대출금 앞자리 수가 바뀔 때마다 박카스를 들이부은 것처럼 기운이 났다. 대출을 무식하게 갚되,

몇 년 안에 얼마를 갚겠다는 것을 세워두면 좋다. 평생 대출을 갚고 살아야 한다면 의욕이 줄어들지만, '아이가 초등학교 입학하기 전까지 1억을 갚겠다'와 같이 구체적이고 실천 가능한 목표를 세우면 마음가짐이 달라진다. 그러니 일단 목표를 세우고 전투적으로 대출을 갚아야 한다.

살다 보면 가끔 예상했던 것보다 지출이 커서 생활비가 부족한 상황도 발생할 수 있다. 한번은 생활비가 딱 2만 원이 남았는데, 아이 기저귀가 예상보다 빨리 떨어진 일이 있었다. 기저귀 4팩에 3만 8천 원인데 1만 8천 원이 부족했다. 이런 경우를 대비해서 나는 미리 중고로 팔 물건을 정리해 놓는다. 급전이 필요할 때마다 애들에게 작아진 옷이나, 장난감 책 등을 맘카페에 팔았다. 돈이 급하게 필요하니, 중고판매도 평소보다 더 잘하게 된다. 순식간에 팔아서 그 돈으로 기저귀를 샀다.

어떤 때에는 1일 아르바이트를 해서 급하게 필요한 돈을 만들기도 했다. 나는 일어 전공자이지만 지난 6년간 거의 일본인과 대화할 기회가 없어서 많이 잊어버렸는데 통역 아르바이트에 지원했다. 급히 단어를 외우고 공부를 해서 행사장에 갔다. 하늘이 도와서 내가 맡은 바이어는 노쇼를 했고, 나는 단 한마디도 하지 않고 10만 원을 벌은 적도 있다. 긴장을 많이 해서 어깨에 담이 걸려서 파스값이 나간 거 빼고는 선방했다. 없으면 닥치는 대로 돈을 구하는 방법을 택했고, 일단 대출을 무식하게 갚아 나갔다.

없으면 안 쓰게 되고 안 써야 빚이 줄어드는 게 눈에 보인다. 자, 산수를 해보자. 1억의 대출을, 한 달 동안 쓸 거 다 쓰고 누릴 거 다 누리면서 남는 돈 60만 원씩 갚으면 1년에 720만 원, 14년 동안 1억 대출을 갚아야 한다. 반대로 미친 듯이 집밥 해 먹고 외식 줄이고, 100만 원씩 갚으면 8년 6개월 정도 걸린다.

대출로 저당 잡힌 우리 부부 인생이 5년이나 당겨진다. 내 남편과 나의 청춘 5년이 당겨지는 것이다. 이게 습관이 되고, 급여가 오르면 더 가속도가 붙어서 생각했던 것보다 더 빨리 대출을 갚을 수 있다. 지금 조금 아낀다고 뭐가 달라질까라는 소리는 나약한 소리다.

당신의 소중한 청춘 5년이다. 자그마치 5년! 지금 아껴야 내 인생의 경제적 자유가 더 빠르게 올 수 있다. 시간이 돈이고, 젊음은 돌아오지 않는다. 하루라도 빨리 경제적 자유를 누리기 위해선, 내가 젊고 아이들이 어릴 때, 쇼핑으로 브레이크 밟지 말고 앞으로 질주하듯이 대출을 갚아 나가야 한다.

내 남편을 절약 메이트로 만들자

"저 혼자 절약하면 뭐해요. 남편이 신형 스마트폰 수시로 바꾸고,

취미 생활로 몇백씩 써요. 저도 이제 억울해서 절약하기도 싫어요."

이런 댓글을 볼 때마다 가슴이 참 아프다. 나의 경우는 남편이 나의 절약 파트너다. 당연하다. 한쪽만 죽자고 아껴봐야 결과로 나오지 않는다. 내 남편도 처음부터 순순히 따른 것은 아니다. 내가 어떻게 남편을 파트너로 만들었는지 소개하겠다.

"우리 갚을 대출이 많으니까 절약하자. 자기 용돈도 좀 줄일게."

나는 이렇게 두루뭉술하게 이야기하지 않는다. 대신 한 달 고정 지출비를 적어서 냉장고 앞에 붙여 놓았다. 대출은 얼마를 상환하고, 보험금, 통신비, 관리비는 이렇게 나가고 결국 남는 돈이 얼마인데 그중에서 식비는 이렇게 쓰고 당신 용돈은 얼마인데 나는 집에 있으니 당신 용돈보다 3분의 1 정도를 더 아껴서 쓰고 있다는 것을 한눈으로 볼 수 있도록 표로 그려 보여준다.

아내가 얼마나 절약하고 있는지 알 수 있는 그 표를 냉장고문을 열고 닫고 하면서 무의식적으로 본다. 그리고 '아, 우리집 경제 상황이 이렇구나, 이런 식으로 돈의 흐름이 이렇게 흐르고 있고, 여기서 대출을 이렇게 갚으면 몇 년 안에 상환이 가능하겠구나'라는 것을 자연스럽게 인지하게 만든다.

본인이 알아야 소비를 줄여야겠다는 생각을 하게 된다. "내가 돈을 아끼니 너도 아껴! 너도 이렇게 해야 해!"라고 말하면 보통 좋은 이야기가 나오지 않는다. 부부싸움의 근원은 거의 90%가 돈 이야기이다. 그렇기 때문에 말보다는 객관적 수치가 적힌 표를 보여주는 게 더 효과적이다.

그러다 가끔 둘 다 기분 좋은 날, 맥주 한 잔을 마시며, 이런 식으로 갚으면 우리가 10년 안에 내 집 마련이 가능하다는 긍정적인 대화를 이끌어낼 수 있다. 나는 비록 지금도 빚을 갚고 있지만, 남편에게 언젠가 우리는 건물주가 될 거라고 세뇌해놓았다. 그래서 우리 신랑은 가끔 물어본다.

"여보, 우리 건물주 언제 돼?"

그럼 나는, 내가 아이를 좀 더 키우고 맞벌이를 해서 수입을 2배로 늘리고, 지금처럼 절약하면 금방 투자도 하고 건물도 살 수 있을 거라고 계산기를 두들기며 말한다(물론 시늉만 낸 적도 있다).

현실이 비록 그렇지 못하더라도, 희망적인 대화를 하며 남편과 지낸다. 이렇게 신혼 때부터 긍정적 이야기를 많이 하자, 정말로 빚으로 시작했던 우리가 32평 자가를 갖고 아이 둘과 이사 걱정 없이 살게 되었다. 옛말 틀린 거 하나 없다. 말이 씨가 된다. 부자가 될 수 있는 긍정의 씨앗을 부부가 서로 말로 해야 한다. 그러면 그것이 현실이 될 가능성이 커진다. 사람은 무의식적으로 말하는 대로 살게 된다. "우리는 할 수 있어!" 라고 부부가 서로 긍정의 말을 확언하면 절약도 행복하게 할 수 있고, 그 꿈이 현실이 될 것이라고 나는 믿는다.

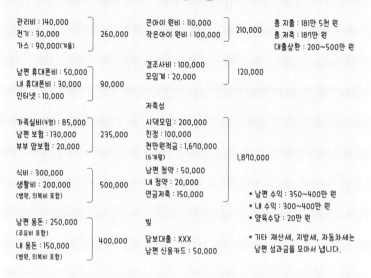

고정지출비

관리비 : 140,000 전기 : 30,000 가스 : 90,000(겨울)	260,000	큰아이 원비 : 110,000 작은아이 원비 : 100,000	210,000		총 지출 : 181만 5천 원 총 저축 : 187만 원 대출상환 : 200~500만 원
남편 휴대폰비 : 50,000 내 휴대폰비 : 30,000 인터넷 : 10,000	90,000	경조사비 : 100,000 모임계 : 20,000	120,000		
		저축성			
가족실비(4명) : 85,000 남편 보험 : 130,000 부부 암보험 : 20,000	235,000	시댁모임 : 200,000 친정 : 100,000 천만원적금 : 1,670,000 (6개월)		1,870,000	
식비 : 300,000 생활비 : 200,000 (병원, 의복비 포함)	500,000	남편 청약 : 50,000 내 청약 : 20,000 연금저축 : 150,000			* 남편 수익 : 350~400만 원 * 내 수익 : 300~400만 원 * 양육수당 : 20만 원
남편 용돈 : 250,000 (주유비 포함) 내 용돈 : 150,000 (병원, 의복비 포함)	400,000	빚 담보대출 : XXX 남편 신용카드 : 50,000			* 기타 재산세, 지방세, 자동차세는 남편 성과금을 모아서 냅니다.

냉장고에 붙인 현금 흐름표. 우리집 현금 흐름이 한 눈에 보인다.

부지런한 마음가짐으로 '독함'을 키워라

일단 절약이라는 단어와 동일시시켜야 하는 것이 바로 부지런함
이다. 절약을 하기 위해선 몸이 부지런해야 한다. 이거는 피할 수
없다. 게으르고 요리하기를 귀찮아한다면 절대 식비를 줄일 수 없
을 것이다.

'너는 되고 나는 안 돼.'라는 공식을 입에 달고 다는 사람은 분명

게으른 사람이다. 태어나면서부터 부지런한 사람은 없다. 그렇다면 부지런한 사람은 왜 부지런한 것일까? 부지런한 유전자와 게으른 유전자가 따로 있는 것일까? 아니다. 부지런한 사람은 그래야 하는 이유를 알고 있고, 원하는 목표가 있다. 그렇기에 더 자고 싶고, 더 눕고 싶은 일차적 본능을 이겨낸다.

나 같은 경우는, 돈을 절약하지 않으면 안 되는 상황이다. 아이가 둘이나 있고, 양가 부모님의 상황도 넉넉지 못하다. 내가 기댈 곳이 없다. 오히려 내가 기댈 수 있는 존재가 되어야 한다. 만약 내가 부유한 부모님이 계신다면 솔직히 지금처럼은 못할 것 같다. 힘든 상황, 경제적 어려움을 겪어보았기에 부지런해지기로 했다.

만약 당신이 게으르다면, 솔직해져라. 당신이 게으른 게 아니라 믿을 구석이 있는 거라고. 정말 믿을 게 하나도 없는데 게으르다면 정신 차려야 한다. 젊을 때 아끼고 사는 건 돈 주고 사는 '고생'이지만 늙어서 약값이 없어 치료도 못 받는다면 그것은 '고통'이 될 것이다. 게으르고 귀찮다는 핑계를 대며 시도조차 하지 않는 자기 자신에게 분노해야 한다. 그래야 자기 발전이 있을 것이다. 방긋방긋 웃으면서 독해지는 건 하나도 없다. 내 경험상 하나도 없었다.

나는 남들에게 말은 안 했지만, 눈물이 날 정도로 분함을 느껴봤기에 독해졌다. 지금 내가 너무 힘들고 마음이 아프다면, 독해지고 있다는 것이다. 졸린 눈을 부여잡고 일어날 수 있는 '독함'을 키워야 한다. 어디서 "참 독하네!" 소리 한 번 들어봤다면 당신은 절약도 잘 할 수 있을 것이다.

타인의 천사가 되지 말아야 한다. 남에게 천사의 미소를 짓고 내 가족을 가난하게 하지 말자. 곁에 있는 내 가족을 가장 소중히 여긴다면 남들 눈 때문에 명품을 사고, 남들 시선 때문에 멋진 해외여행을 가야만 한다는 압박에서 벗어날 수 있을 것이다.

지금 이 순간 집 앞 놀이터에서 아이와 웃으며 놀 수 없다면, 해외여행은 안 가는 게 낫다. 아이가 어릴 때 가장 좋은 놀이터는 바로 부모 품이다. 다른 사람 SNS 채널을 보면서 부러워하고 있는가? 아마추어처럼 굴지 말자. 우린 프로다. 남의 삶에 관심 끄고, 지금 내 삶의 목표에, 그리고 사랑하는 가족에 집중하자.

꿀이 흐르는
블로그 체험단 사용법

가끔 내 채널에 브이로그 형식으로 나의 일상을 올리기도 하는데, 체험단을 하고 온 영상을 올리면 그때마다 단골로 등장하는 댓글이 있다.

"아바라님, 체험단은 어떻게 신청하는 거예요?"

일단 검색창에 '블로그 체험단'이라고 검색하면, 수십 개가 넘는 웹 사이트가 나온다. 이게 다 블로그 체험단 신청을 할 수 있는 사이트이다. 연관 검색어를 타고, 또 타고 들어가면 끝없이 나온다. 심지어 블로그로 블로그 체험단을 모집하는 곳도 많으니 우리가 신청할 곳은 매우 많다. 내가 주로 이용하는 곳은 '레뷰', '서울오빠', '블로그원정대', '쉬즈블로그', '티

블', '미블' 등이 있다.

　요새는 블로그뿐만 아니라 인스타, 유튜브와 같은 SNS 채널을 운영하는 사람을 위한 체험단도 많이 있다. 나는 이런 체험단을 하면서, 식비 절약뿐만 아니라 미용실, 마사지샵도 꾸준히 다니고 있다. 돈을 아낀다고 집에만 있는 게 아니라, 포스팅이라는 나의 노동력과 바꿔가며 하고 싶은 것을 최대한 체험단으로 하려고 노력한다. 시급이 1만 원인데, 마사지 체험단을 받으면 1시간에 5만 원에서 10만 원짜리 체험을 하는 것이니 꽤나 쏠쏠한 부업거리이다.

　아기가 어려서 집에만 있어야 할 때는 제품 체험단도 많이 했다. 특히 남편과 나의 기초 화장품을 주로 받았는데, 집으로 택배가 배송되기 때문에 사용 후, 제품 리뷰를 포스팅하면 된다. 나는 작년에 선크림을 단 한 번도 내 돈 주고 사지 않았다. 내 주변에 블로그를 더 잘 키운 엄마들은 고가의 제품을 협찬으로 받기도 한다. 잘 키운 SNS 채널은 열 아르바이트가 안 부럽다.

　처음 블로그 체험단이 당첨되면, 기분이 좋다가 점점 걱정되기 시작할 것이다. 특히 방문하는 체험단은 뭐라고 말하고 들어가야 하지? 사진은 어떻게 찍지? 이런 별거 아닌 거에 걱정이 되기 시작한다. 내가 그랬다. 예전의 나처럼 고민할 분들을 위해 소소한 팁을 말해주겠다.

나는 일단 장소에 도착하면, 체험단으로 왔다고 인사를 한 뒤, 매장 인테리어부터 사진을 찍는다. 이때 식당과 뷰티샵은 약간 차이가 있다.

음식점 체험단의 경우

사진, 영상 촬영

식당에 갔다면 매장 간판, 매장 인테리어 사진, 그다음 메뉴판 사진, 음식 사진, 먹는 모습 등을 찍는다. 최소 20장 정도 찍고, 찌개가 지글지글 끓는 모습, 고기가 맛있게 구워지는 모습을 영상으로 담는다. 요새는 영상도 첨부해 달라는 곳이 많아서 꼭 짧게라도 영상을 찍어서 올리는 편이다. 이렇게 사진과 영상을 찍고 맛있게 외식을 하고 돌아온다.

그리고 집에 도착하자마자 사진부터 바로 블로그에 올려놓고 '임시저장'해 놓는다. 사진을 순서대로 일단 올려놓으면, 틈날 때마다 휘리릭 포스팅할 수 있기 때문이다.

글 쓰기

포스팅할 때 어떤 내용을 적어야 할까? 이것도 쉽게 생각하면 굉장히 간단하다. 내가 그 식당을 검색했을 때 알고 싶은 정보가 무엇인지 생각해 보고 그것을 적으면 된다.

일단 가격, 메뉴, 주차공간, 주소, 지도, 전화번호, 운영시간, 음식의 맛, 분위기, 아기식탁 여부 뭐 이런 거 아니겠는가? 이 것을 사진과 함께 포스팅하면 된다. 정 모르겠으면, 내가 다녀 온 식당을 검색해서 나온 블로그를 보고 어떤 정보를 올렸는 지, 어떤 블로거의 글이 가독성 있게 잘 썼는지 훑어보고, 벤치 마킹해서 포스팅하면 된다.

미용실, 마사지, 네일샵일 경우

사진, 영상 촬영

이런 뷰티 샵 같은 경우도 비슷하다. 일단 매장 간판 인테리 어 사진, 제품, 관리하는 모습을 단계별로 찍는다. 네일이나 미 용실 같은 경우는, 비포 에프터가 비교될 수 있게 시술 전과 후 사진을 꼭 찍는다. 네일 같은 경우는 보통 이달의 아트를 받게 되는데, 손을 오므리고 손톱이 나오게 찍으면 더 만족스러운 사진이 나온다.

글쓰기

음식점과 별반 다를 게 없다. 가격(이건 매장마다 노출을 원하지 않는 곳도 있다), 시술 종류, 주차공간, 주소, 지도, 전화번호, 운 영시간, 서비스, 위생상태, 현재 업체에서 진행 중인 프로모션 혹은 관리에 대한 설명 등을 포스팅하면 된다.

 한 번만 이 형식을 익히면 체험단은 생활비와 식비를 아낄 수 있는 살림살이의 효자템이 될 것이다.

 참, 나는 업체에 방문하면 꼭 사장님께 혹시 다른 가게와 차별화된 게 있는지, 혹은 꼭 포스팅에 넣어주었으면 하는 점이 있는 여쭤 보고 바로바로 핸드폰에 기록해 놓는 편이다. 이렇게 사장님의 정보나 팁을 적어놓으면 업체도 만족하고, 나 역시 막힘없이 술술 포스팅을 작성할 수 있다.

방구석을 돈방석으로
만들어 보자

부업으로
천만 원 모으기

5달 만에 천만 원 모았다

도서관에서 우연히 《6개월에 천만 원 모으기》라는 책을 읽게 되었다. 짠돌이 카페에 매일 출석했기에 책의 내용은 이미 친숙했다. 즐겁게 책을 읽다 번뜩 아이디어가 떠올랐다.

'구독자님들과 함께 목돈 만들기를 해보면 어떨까?'

돈을 절약하는 방법이라던가, 부업하는 이야기는 했지만 가장 중요한 돈 모으기에 관한 이야기를 놓친 것 같았다. 구독자가 6천 명쯤 되었을 때 '6개월에 천만 원 모으기 프로젝트'를 함께 하자고 제안했다. 그리고 내가 먼저 도전을 시작했다.

평소 알뜰하게 돈을 사용했다고 자부하지만, 도전을 공표하자 왠지 6천 명의 구독자들의 눈치가 보여 돈을 더욱 덜 쓰게 되지 않을까 싶었다. 또 새 통장에 찍힌 '0'이란 숫자가 어떻게 '10,000,000'까지 만들어지는지 보여주고 싶었다. 돈이 통장에 쌓여 가는 과정, 목돈이 만들어지는 과정을 생생하게 공유함으로써 구독자들에게 할 수 있다는 자신감을 주고 싶었다. 이 도전이 의미 있었던 것은 나라는 사람이 성공한 사람이 아닌 아파트 담보 대출을 꾸역꾸역 갚아가는 평범한 주부라는 점이다. 가까운 지인에게도 돈에 관해선 이야기하기 힘든 것이 현실인지라 유튜브를 통해 함께 돈을 모아보자는 제안은 서로의 삶에 도움이 될 것 같았다.

같은 의미로 초창기부터 진행한 '한 달 식비 30만 원으로 살기' 역시 많은 분이 응원과 격려를 아끼지 않았다. 그렇다. 열심히 사는 모습이 좋아 보이는 거다. 더운 날에도 애들 밥을 차린다고 땀을 뻘뻘 흘리며 국 끓이고, 반찬 만드는 모습이 짠하면서 자극이 되는 것이다.

다행히 요즘 나는 각종 부업을 통해 단돈 몇만 원이라도 수입을 내고 있다. 특히, 유튜브, 블로그, 주부 모니터 요원, 각종 공모전, 할 수 있는 모든 아르바이트에 도전하고 있다. 그리고 그 결과물의 기록을 영상으로 남겼다. 유튜브에 업로드한 영상 속에서 입으로 내뱉은 모든 것들은 책임을 져야 한다. 그래서 일단 입으로 내뱉으면 모든 게 현실이 된다.

"6개월에 천만 원! 한 달에 167만 원!"

내가 6개월에 천만 원을 모으겠다고 한 이유는 평균 직장인들이 한 달에 저축 가능 금액이 50만 원에서 100만 원 선이기 때문이다. 사실, 이 금액도 요즘 세상에서는 절약하는 사람들이나 모을 수 있지, 보통은 한 푼도 저축을 못 하고 사는 사람이 훨씬 더 많다. 그만큼 물가는 올랐고, 급여는 그대로이다. 이럴 때일수록 허리띠를 졸라맬 필요가 있다. 그래서 더욱 목돈을 만져보는 성공의 기쁨을 맛보아야 한다. 나는 6개월이 아닌 5개월 만에 천만 원 모으기에 성공했다. 절약 생활을 해 왔던 6년 기간 통틀어 가장 빠르게 천만 원을 모은 것이다. 어떤 방법으로 이렇게 빠르게 돈을 모을 수 있었을까?

성적이 좋아지려면, 책상에 앉아서 미친 듯이 암기하고 공부해야 한다. 돈을 모으려면, 돈 모을 궁리를 종일 하면 된다. 나는 5개월간 잠든 시간 빼고 계속 '어떻게 하면 돈을 모을 수 있을까'를 연구했다. 유튜브를 안 했으면 이렇게까지 고민하진 않았을 것이다. 구독자분들의 고민, 주부로 집에서 돈 버는 방법에 대한 수많은 질문이 나를 움직이게 했다.

'그래, 내가 다 해 보자! 다 해 보고, 정보를 주자!'

5개월간 나는 소액이라도 돈이 되는 일들은 뭐든지 했다. 주위를 보면 많은 사람이 돈 걱정은 입에 달고 살지만, 돈에 관해 많이 생각하지 않는 것 같다. 입으로는 걱정하지만 막상 행동으로는 살 거다 사고 있으니 말이다. 쓸 거 다 쓰고, 놀 거 다 놀고 다시 돈 걱정을 한다. 이상하다. 이것은 마치 공부를 하나도 안 하고 놀 거 다 놀고 서울대에 가겠다는 거랑 똑같다. 돈을 모으고 싶으면, 내 삶에서돈 모을 방법을 계속 생각해야 한다. 그리고 그것들을 하나하나 실천하면, 조금씩 수입이 증가하게 된다. 내가 남들보다 천만 원을 빠르게 모았던 방법을 추려보니 5가지가 나왔다.

첫 번째, 집 안을 털어서 중고거래로 부수입 창출하기.

두 번째, 주부 모니터, 주부 요원과 같이 주부로서 할 수 있는 일을 찾아서 소액이라도 벌기.

세 번째, 새로운 부업에 끊임없이 도전하기.

네 번째, 수입이 늘어나도 철저히 지출 통제하기.

다섯 번째, 나를 위한 투자하기. 그리고 반드시 그 투자금 이상을 뽑을 각오로 들이대기.

사실 돈을 모으는 방법은 간단하다. 지출을 줄이고, 수입을 늘리면 된다. 이건 누구나 말할 수 있다. 나는 실제 내가 천만 원 모으기를 하면서 하나하나 세부 내역을 금액 옆에 기재해 놓았다. 이 중에는 1천만 원 만들기 프로젝트가 아니었다면, 푼돈으로 흩어져 존재감 없이 사라졌을 돈도 있다. 다시 한번 푼돈을 무시하면 절대 목돈을 모을 수 없다는 것을 깨달았다. 귀하게 벌고 모은 푼돈이 모여서 천만 원이 되었다.

자, 그럼 타임머신을 타고 5개월 전의 과거로 돌아가 어떻게 1천만 원을 모았는지 소개하겠다.

첫째 날 집 앞에 있는 수협에 가서 '자유적립적금 1천만 원'이란 통장을 만들었다. 이율을 따지기엔 6개월짜리 단기간 적금이었기에 집에서 가까워 언제든지 입금할 수 있는 은행으로 정했다. 요즘은 스마트뱅킹, 인터넷뱅킹이 잘 갖추어진 세상이지만, 나는 종이통장을 사랑한다. 첫 번째 이유는 통장에 글씨를 쓸 수 있기 때문이다. 이 통장에는 '6개월 천만 원 모으기'라고 적어 놓았다. 이렇게 써 두면 통장을 볼 때마다 새롭게 마음을 다잡을 수 있고, 다른 통

단기 저축을 할 땐 접근이 편한 집과 가까운 은행을 거래하는 게 좋다.

장과 헷갈리지 않아 통장을 찾는 시간을 절약할 수 있다.

또 종이통장은 내가 참 좋아하는 소리를 들려준다. 바로 종이통장으로 입금하면 기계가 내는 "찌리릭 찍찍" 하는 액수를 찍는 소리. 난 이 소리가 너무 좋다. 이것을 들으려고 일부러 은행에 가서 입금한다. 그나저나, 통장도 만들었으니 돈을 입금하고 싶은데, 하늘에서 돈이 뚝딱하고 떨어지는 것도 아니고 어디서부터 시작해야 할까?

주위를 둘러보고 돈으로 변환할 수 있는 것을 찾아라

미션 1. 집안의 숨은 돈을 찾아라.

통장을 만들어야 하는데, 돈이 없었다. 그래서 저금통을 깨기로 했다. 나는 잔돈과 '한 달 30만 원 살기'에서 남은 금액들을 저금통에 모아 놓곤 했었다. 그 저금통을 깼다. 그리고 서랍과 지갑 안에 있는 10원 짜리 동전까지 탈탈 털었다. 39,390원이다. 그 돈으로 은행에 가서 적금 통장을 만들었다.

현재 잔액: 39,390원

미션 2. 필요 없는 책을 중고서점에 팔아라.

집을 샅샅이 뒤지기 시작했다. 가장 만만한 것이 책. 사실 책장이

지저분하기도 했고, 금방 팔기 쉬워 책부터 가방에 담았다. 그리고 알라딘이란 중고서점에서 거래를 했다. 알라딘 중고서점에 책을 팔기 위해서는 자신이 팔 책을 선별해서, 온라인 서점 알라딘 사이트 (www.aladin.co.kr)에 접속하여 판매 가능 여부를 확인하고, 가능한 집에서 가까운 알라딘 중고서점으로 책을 직접 가져가서 팔면 된다. 내가 판 책의 총액은 10,500원이었다.

현재 잔액: 49,890원

미션 3. 기존 예산을 조금 더 긴축하라.

15일은 남편의 성과급이 나오는 날이다. 나갈 돈이 태산이다. 이번 달은 빠듯하다. 그래도 20만 원만 보태기로 하였다. 그리고 신랑 서랍에 있는 동전을 모으니 3,130원. 합이 203,130원이다.

현재 잔액: 253,020원

미션 4. 공모전에 도전하라.

부담 갖지 않고 요리대회에 영상을 제출했는데, 본선까지 진출하게 되었다. 집안에서 요리하는 사전 촬영까지 요청을 받았다. 연예인들이 셀프 촬영할 때 사용하는 카메라까지 받아 셀프로 촬영하였다. 집에서 애들이랑 놀 듯이 촬영한 사전 촬영분으로 소정의 출연료까지 받게 되었다. 또 촬영장에 가서 연예인들과 사진도 찍고 여러 가지 경품도 받았다. 본선에서는 1시간 내에 요리 만들기를 했는데, 손이 벌벌 떨려서 그 쉬운 요리를 다 망치는 어처구니없는 실수를 하기도 했다. 그래도 너무 재미있고 색다른 추억과 160,000원이라는 통장 잔액을 더할 수 있었다.

현재 잔액: 413,020원

미션 5. 네이버 블로그 애드포스트로 부수입을 올려라.

블로그를 보면 하단에 광고창이 뜨는 것을 본 적 있을 것이다. 이 광고를 클릭하면 해당 블로거에게 광고 수입이 들어온다. 이것이 바로 '블로그 애드포스트'라는 것이다. 금액이 많지는 않지만 매달 치킨값 정도의 수익이 내 통장에 입금된다. 이날도 어김없이 블로그 애드포스트 수익이 들어왔다. 처음에는 정말 블로그에 글을 썼다고 돈이 들어올까 너무 궁금해서 아침 일찍부터 아이를 유모차에 태우고 은행에 가서 통장을 찍어 봤었다. 매달 소소하게 들어오는 애드포스트 수익이지만 집에서 돈을 벌 수 있는 나의 소중한 머니 파이프라인 중 하나이다. 올해 내 목표 중 하나가 블로그를 제대로 키우는 것이다. 블로그로 10만 원 정도의 애드포스트 수익이 들어오는 그날을 위해서 오늘도 열심히 글을 쓰고 포스팅을 하고 있다. 현재는 10,000원 정도가 입금된다.

1만 원*5달 = 50,000원

미션 6. 블로그를 최대한 활용하라.

블로그로 할 수 있는 일은 다양하다. 그중 하나가 기업 서포터즈
인데, 기업에서 만드는 제품을 받아 블로그에 리뷰 형식의 글을 남
기는 것이다. 다양한 제품이 있는데 먹거리, 생활용품 같은 경우는
보통 전업주부를 뽑는다. 나는 아이들을 위해 과자 회사 서포터즈
로 활동했는데 회사에 방문할 때마다 3만 원 정도의 참여 비용과
과자 한 다발을 받았다. 아이들 과자 비용도 만만치 않은데 참가비
까지 준다. 나름 쏠쏠한 부업거리 중 하나다. 나는 4달간 활동했다.

3만 원*4달 = 120,000원
현재 잔액 : 583,020원

미션 7. 아이가 없을 때 할 수 있는 아르바이트를 하라.

도서관에서 아르바이트를 할 수 있게 되었다. 예전에도 하던 일
이긴 한데 잠시 사정이 있어 쉬고 있었다. 화요일, 수요일 9시부터
5시까지 근무를 하고 일당 7만 원. 한 달에 8회 정도 되니까 56만
원을 벌게 되었다. 아이들이 원에 갔을 때 이렇게 돈을 벌 수 있는
게 참 감사하다.

56만 원*5달 = 2,800,000원
현재 잔액 : 3,383,020원

미션 8. 유튜브 애드센스로 광고 수익을 올려라.

유튜브를 시작하고 단 한 번도 애드센스 광고수익을 찾지 않았다. 그냥 묵혀 두었다. 광고가 붙고 8개월간 애드센스 광고수익으로 약 290만 원이 들어왔다. 시간과 투자 대비 아직은 적은 돈이다. 유튜브를 하면서 돈의 파이프라인 우화가 떠올랐다. 파이프라인을 처음 구축하기 위해서는 긴 시간과 노력이 필요하고 그동안은 수익이 적다. 그러나 한번 제대로 구축해 놓은 파이프라인은 지속해서 돈이 들어올 수 있는 시스템을 형성한다. 유튜브 역시 마찬가지다. 초반에는 돈이 안 되고 시간은 오래 걸렸다. 긴 시간 집중해서 나만의 색깔이 들어간 채널을 운영한 지 9개월, 드디어 수익 창출 승인이 났다. 1년 반 동안 구축해 놓은 내 유튜브 파이프라인은 이제 안정적 흐름을 타기 시작했고, 이제는 내가 잠든 시간에도 나 대신 일을 해서 돈을 벌어주는 시스템이 구축되었다. 처음으로 찾은 유튜브 애드센스 금액은 2,970,000원.

현재 잔액 : 6,353,020원

미션 9. 한 가지 이야기로 최대한 다양한 파이프라인을 만들어라.

출판사에서 선인세가 들어왔다. 70일간 매일 글을 썼다. 컴퓨터 앞에 앉아서 A4용지 한 장을 매일 채운다는 것은 글을 써본 경험이 없는 나에게는 거의 고문에 가까웠다. 아무도 책을 쓰라고 강요한 사람은 없었다. 구독자 1만 명도 안 되는 주부 유튜버에게 손을 내미는 출판사는 없었다. 그래서 나는 맨땅에 헤딩한다는 심정으로 나 좀 봐 달라고 글을 써서 메일로 출판사에 출간기획서를 돌렸다. 꿈을 이루기 위해서는 일단 행동을 해야 한다. 시간도 결국 돈이다. 70일간 매일 1시간이란 귀한 시간을 내가 아파도 썼고, 애가 아픈 날에는 잠든 시간을 틈타 몰래 대충이라도 휘갈겨 썼다. 잘하지 않아도 꼭 결과물을 만들어 내리라 다짐하며 매일 밤 나를 다독이며 글을 쓰고 잠들었다. 그 결과 나는 출판 계약을 했고, 선인세 970,000원이 입금되었다.

현재 잔액 : 7,323,020원

그리고 마지막 남편 급여에서 월 70만 원씩 3달, 마지막 달에는 60만 원을 1천만 원 모으기에 보탰다.

70만 원*3달 + 60만 원 =2,700,000원

총 : 10,023,020원!

야호! 성공했다.

집안의 숨은 돈부터 시작해서, 요리대회, 도서관 아르바이트, 유튜브 광고수익, 인세, 남편급여까지 5달간 번 돈을 쓰지 않고 모두 통장에 넣었다. 이 중에 유튜브 애드센스와 블로그 애드포스트 등 몇 가지는 5달 내내 추가로 저축했다. 그 결과 5개월 만에 1천만 원을 모았다. 사실 공개적으로 많은 분 앞에서 1천만 원 모으기를 하자고 하는 것이 쉬운 일은 아니었다. 그러나 성공할 거라는 '근거'가 있었다.

돈 앞에서는 근거 없는 자신감은 통하지 않는다. 돈 모으기에는 반드시 근거가 있어야 한다. 나에게 근거는 바로 내가 작성한 구체적인 세부계획서였다. 이것은 우리 가계가 어떤 식으로 수입이 들어오고 있고, 어떤 통로로 부수익을 늘려나갈지에 대한 상세한 계획이 담겨 있었다. 나는 틈나면 엑셀 파일로 이런 구체적인 세부계획을 만들어 놓았다. 어디에서 얼마가 들어 올 수 있을지, 정확한 데이터를 바탕으로 계획을 세워야 돈 모으기가 수월하고 자신감도 붙는다. 나는 그 엑셀 파일까지 공유하며 최선을 다했다.

구독자 80분이 넘게 함께 했는데, 다들 목표 금액은 달랐다. 하지만, 그들의 글 속에서 희망과 에너지를 느낄 수 있었다. 어떤 구독자는 매달 나에게 얼마를 모았는지 댓글로 말해 주셨다. 자칫 오해하면 돈 자랑하는 것으로 느낄 수 있어 돈에 관한 이야기만큼은 가까운 지인에게도 말하기 부담스럽다. 그래서 나에게 자랑하시라고 했다. 얼마나 모았는지 자랑하시라고. 그리고 항상 응원과 독려를 해 드렸다.

함께 절약하고 돈을 모은다는 것이 이처럼 힘이 나는 일이라는 것을 처음 알았다. 함께할 수 있어 감사했고, 비록 랜선이지만 나와 통하는 사람이 있어 행복했다. 아무것도 시작하지 않으면 아무것도 변하지 않는다. 어제, 오늘, 그리고 내일도 똑같다. 변화하지 않는 삶은 두렵다. 나는 경제 전문가도 아니고 부자도 아니다. 그러나 목표를 세우고 그 목표까지 돈을 모아본 경험은 많다. 돈을 모아서 빚도 갚고, 결혼자금도 쓰고, 학비도 내고, 집도 샀다.

돈을 모아서 하고자 하는 것을 해본 성공의 경험이 지금의 나를 만들었다. 그리고 이렇게 많은 분과 돈 모으기 프로젝트를 할 수 있는 원동력이 된 것 같다. 사실 버는 것보다 모으는 것은 100배 어렵다. 그러나 돈을 모으기 위해서는 반드시 거쳐야 하는 단계이다. 단 1년만 미쳐보자. 나는 올해에도 허리띠를 졸라매고, 수입을 늘리는 방법으로 미친 듯이 돈을 모아볼 예정이다.

까짓것 아직 젊은데, 패딩 신상 안 사 입으면 어떤가. 나는 올해도 6년 전에 구매한 패딩을 잘 꺼내 입고 차곡차곡 쌓이는 통장 잔액을 보며 버틸 것이다.

잘 키운 블로그로
생활비 100만 원 아끼기

　나는 유튜버이자 블로거이다. 블로그의 시대는 이제 끝났다고 말하는 사람도 있을 것이다. 하지만 개인적으로 글이라는 도구는 영원할 것이라 믿는다. 블로그에 글을 쓸 때면 자연스럽게 체험단은 물론이고, 또 다른 콘텐츠에 대한 고민을 끊임없이 하게 된다. 어떤 글을 써야 할까? 내가 잘 쓸 수 있는 글은 무엇일까? 이런 고민은 자기 성장에 도움이 된다. 좋아하는 책, 살림, 요리, 운동하는 모습을 사진으로 찍고, 글을 써 내려가면서 나의 관심사와 좋아하는 것을 발견할 수 있다. 이렇게 쌓인 자신의 콘텐츠가 세상에 나를 알리는 창구가 되는 것이다. 고로 블로그라는 곳이 쉽사리 사라지지 않으리라 생각한다.

우리나라에서 글로 콘텐츠를 소비할 수 있는 곳은 단연 블로그가 최고다. 블로그는 개인 사업을 홍보하거나, 물건을 팔거나, 자신을 소개하거나, 제품을 리뷰하는 등 정말 다양하게 활용할 수 있다. 나는 그중에서 블로그 체험단과 블로그 서포터즈를 집중적으로 했다. 진입장벽도 낮은 편이었고, 생활비와 식비 절약에 큰 도움이 되었다. 한 달에 적게는 10만 원에서 많게는 100만 원 상당의 체험을 할 수 있었다.

구독자 : 식비 절약한다면서 네일아트하는 비용이 더 비싸지 않나요?

아바라티비 : 이건 모두 블로그 체험단으로 협찬받았답니다.

처음 내 유튜브 채널에 방문하고 혼란에 빠지는 분들이 있다. 매일 식비로 1만 원 장보기를 한다면서, 손톱은 화려하게 빛나고, 마사지숍에 다니는 영상이 나오기 때문이다. 그것뿐이 아니라 미용실에도 자주 가서 비싼 케어도 받고 염색도 한다. 그래서 가끔 위와 같은 댓글이 달린다. 그러면 나는 뿌듯한 마음으로 이것이 모두 공짜라고 말한다.

내 유튜브 영상에 자주 등장하는 네일, 헤어, 피부 등 각종 관리의 현장은 모두 공짜로 하고 있다. 한 달에 한 번은 마사지를 받는다. 미용실에서 염색이나 파마를 돈 주고 한 적이 없다. 네일아트도 여름이 되기 전에 공짜로 이달의 아트를 받고 온다. 물론 이것이 모두 그냥 공짜라고는 말할 수 없다. 내가 돈을 지불하지 않는다는 의미의 공짜다. 나는 이런 체험을 하고 꼼꼼한 블로그 후기를 쓰는 블로그 체험단 활동을 하는 것이다.

"블로그 체험단은 어떻게 하나요? 블로그로 서포터즈는 어디서 신청하셨나요? 파워 블로거세요?"

"아니요, 저 하루에 방문자 200명 정도 오는 작은 블로그 채널이에요. 그래도 가능해요."

절약 콘텐츠를 하고 있지만, 하고 싶은 것을 많이 누리고 있는 모습이 구독자들에게는 신선하게 다가왔는지 정말 자주 받는 질문이다. 그렇게 블로그 체험단에 관한 질문과 대답을 오고 간 것이 적어도 100명은 족히 넘는다.

나는 사실 블로그 체험단을 위해 블로그 강의를 들어 본 적이 없다. 요즘은 내 채널 브랜딩을 위해 블로그 강의를 몇 번 들었지만 2년 전만 해도 그런 강의는 사치였다. 아기 엄마를 받아주는 곳이 없어 애를 업고 독학으로 했다. 블로그 역시 블로그 운영 노하우를 알려주는 블로그와 유튜브를 통해 배웠다. 모르니까 성실히라도 하자는 마음으로 1일 1포스팅을 꾸준히 했다. 나중에 안 사실이지만, 군이 매일 포스팅을 할 필요는 없다고 한다. 양보다 질, 독자에게 도움이 되는 글을 쓰는 게 더 중요한 것이다. 나는 매일 밥하고 육아하는 단조로운 생활이었기에, 내가 장 봐온 것을 포스팅해서 올렸다. 그 당시 내 유튜브에서 노브랜드 관련 영상의 조회 수가 껑충 뛴 것을 확인하고, 노브랜드 인기 식품 영상을 찍을 때 사진도 함께 찍어서 블로그에도 포스팅해서 올렸다. 그랬더니 평균 조회 수가 100이었던 블로그 조회 수가 500까지 올라갔다.

'아, 사람들이 궁금해하고 많이 검색하는 걸 올리면 되는구나.'라는 것을 그때 알게 되었다. 그러다, '어떤 글이 잘 쓰는 글이지? 글을 길게 쓰는 게 좋은 걸까?' 궁금한 점이 생길 때마다, 방법을 찾기 시작했다. 물어볼 사람이 없었기에 역으로 생각해 보았다. 내가 검색해서 상단에 노출되는 블로거들이 어떻게 글을 썼는지 확인해 보고 그들과 비슷하게 쓰려고 노력했다. 그 뒤로는 내가 쓰고 싶은 글의 주제를 검색해 보고, 바로 첫 페이지에 뜨는 3개 정도의 블로거들이 몇 글자를 썼고, 사진을 몇 장을 올렸는지 비교해 보고 비슷하게 따라 쓰려고 했다.

나는 무엇이든지 습관 형성이 중요하다고 믿고 있어서 100일 동안 혼자서 매일 포스팅을 했다. 요령도 전문 지식이 없었기에 일단 양으로 밀어붙이자고 생각했고, 매일 아침에 포스팅을 올렸다. 그리고 70일 정도 되자 200명 정도의 방문객이 들어오기 시작했다.

그 이후로는 체험단에 신청했는데, 첫 당첨은 사진관이었다. 괜히 한번 증명사진을 찍었다. 그렇게 체험단 중에서도 경쟁률이 낮은 곳부터 도전했다. 막 시작한 나 같은 작은 블로거도 당첨될 만한 곳만 찾아 지원해서 작은 성공을 맛보려고 노력했다.

체험단에 대해 어떤 사람은 300:1과 같이 경쟁률이 높아 성공하지 못했다고 투덜거리기도 했다. 그러고는 금방 블로그 체험단을 포기해버리곤 한다. 나는 경쟁률이 치열한 곳은 아예 지원하지도 않았다. 될 만한 정도에 지원했고, 하나, 둘 체험단을 하고 포스팅 개수를 늘려나갔다. 모든 일에 있어서 첫 시작의 진입장벽을 넘는 게 중요하다. 나는 아주 가뿐히 내 수준에 맞은 허울을 넘는 것으로 시작했다. 내 레벨이 조금 올라가면, 그 수준에 맞는 도전하는 식으로 탄탄히 밑작업을 해서 내공을 쌓았다. 이게 블로그 체험단뿐만 아니라 모든 것에 적용될 수 있다고 생각한다.

나는 마사지를 받으며 절약한다

블로그 체험단을 하면서 가장 쏠쏠한 부분이 바로 미용과 뷰티이다. 나는 뷰티에 관심이 많은 편이다 보니 20대 때에는 직장 다니면서 저렴한 마사지권을 끊어서 다니곤 했다. 술을 마시는 돈은 아까 웠지만, 자신을 위해 투자하는 일은 아깝다고 생각하지 않았다.

30대 아이 둘을 키우다 보니 마사지나 머리를 하는 일 등 나에게 투자하는 돈이 너무 아까웠다. 등이 뭉치고 아픈 날 마사지를 좀 받고 싶다가도 이 돈이면 우리 애들 옷 한 벌은 더 살 수 있는데 싫어, 결국 내 것보다 아이들과 남편 것을 더 챙기게 되었다.

블로그 체험단을 알고 나서부턴 마사지도 자주 받게 되었고, 미용실도 자주 갈 수 있게 되었다. 심지어 기구 필라테스와 같이 운동도 체험단을 이용해서 배워 보았다. 나는 하고 싶은 것을 참지 않았다. 어떻게 하면 하고자 하는 것을 돈 안 들이고 할 수 있을까를 연구했고 그 수단 중의 하나가 체험단이 되었다.

타이핑을 치고 있는 지금, 내 손톱은 반짝반짝 빛난다. 이달의 아트를 정기적으로 받고 있다. 물론 체험단을 이용해서 받는다. 6만 원이 넘는 네일아트를 하고 다니는 나를 보며 그 누구도 짠순이라 생각하지 않는다. 나는 그저 입을 다물고 조용히 있는다. 굳이 돈을 아낀다는 둥, 블로그 체험단을 한다는 이야기는 할 필요가 없다. 그저 티 안 나는 짠순이로 지내는 게 좋다. 심지어 나를 짠순이라 생각하지 않을 때 말로 표현할 수 없는 짜릿함까지 느낀다.

집에서 하루 딱 1시간 투자로 외식비, 미용, 뷰티, 심지어 제품까지 협찬을 받고 있다. 돈으로 환산하면 월 100만 원 정도 된다. 어차피 블로그를 운영할 거라면, 블로그 체험단을 활용해서 돈도 절약하고 쓸거리도 생기니 1석 2조라 생각한다.

블로그 서포터즈로 제품 받고 돈도 벌기

문자 한 통이 왔다.

'○○ 기업 서포터즈 합격하셨습니다.'

이런 문자를 받을 때마다 참 기분이 좋다. 큰돈을 버는 것은 아니지만, 꼭 필요한 물건을 돈을 지불하지 않고 받을 수 있고, 소정의 금액도 받을 수 있기 때문이다. 결혼 전 회사에 다닐 때는 몇만 원이 그렇게 커 보이지 않았다. 매달 꼬박꼬박 돈을 벌 수 있었고, 오직 나란 존재 한 명을 위해 돈을 쓰기 때문에 넉넉했다. 그러나 육아를 하고선 달라졌다. 특히 나같은 전업주부는 몇만 원도 참 귀하게 느껴진다. 그 몇만 원이 아까워서 비싼 옷은 엄두도 못 내고, 저렴한 티 하나 사는 데도 고민을 하게 되었다. 아이를 키우다 보면 예상치 못한 곳에 돈이 많이 들어가기 때문에 나에게 투자한다는 것 자체가 사치가 된 것이다.

지금 인생에 가장 신성하고 위대한 노동, 즉 육아를 하고 있지만 그 누구도 나에게 수고했다고 월급을 주지 않는다. 나는 어딘가에서 '돈'을 받고 싶었다. 큰돈이 아니어도 좋았다. 그저 나도 '돈'을 벌 수 있는 일을 하고 싶었다. 사회와 동떨어져 집에만 고립된 느낌에서 벗어나고 싶었다. 블로그 서포터즈가 이런 내게 단비와 같다.

블로그 체험단과 함께 블로그 서포터즈도 꽤 쏠쏠하다. 나는 아기 로션회사의 서포터즈가 되었다. 10종이 넘는 아기 제품들을 받고 블로그에 글을 쓰면 소정의 돈도 받는다. 가을이 되고 피부가 예민한 둘째는 크림과 로션을 듬뿍 발라주지 않으면 안 된다. 이런 소모품도 사다 보면 꽤나 많은 금액을 지출하게 되다 보니 서포터즈를 신청하게 된 것이다. 나는 이런 식으로 꼭 필요하고 구매해야 하는 물품들 위주로 신청을 한다. 전에는 과자 기업에서 과자를 박스채 받았고, 이번엔 아이 로션, 치약, 크림 10종을 받고 소정의 돈도 받게 되었다.

소소한 것부터 시작하고 기록하다 보면 더 비싸고 좋은 것들도 할 수 있을 것이라 믿는다. 내가 속물인가? 아니다. 나는 최대한 전략적으로 시도하고, 내가 할 수 있는 일을 통해서 생산적인 일을 할 뿐이다. 큰 금액이 아니어도 내 계좌에 돈이 들어오는 것은 나의 자존감과 또 다른 도전에 용기를 준다. 남편도 아이도 나에게 이런 용기를 주진 못한다. 이것은 오직 나 자신이 살아있음을 느끼는 에너지이자 성취감이었다. 지금 말한 것이 그리 대단하지는 않다. 하지만 이 대단하지 않은 성과가 쌓이고 있는 지금 나는 아이들이 예뻐 보이고 남편과 불화가 줄어들었다.

내가 만약 사장이라면?

다양한 식당과 뷰티샵을 홍보하기 위해 사장님을 뵙고 가게를 둘러 보다 보니, 보는 눈이 달라졌다. 우리 부모님은 10년간 세차장을 운영하셨다. 그래서 전반적으로 가게를 운영하는 것에 대해서는 알고 있다. 우리집도 어쩌면 남편이 퇴사하고 자영업을 할 수도 있다. 그럴 때를 대비해 체험단을 할 때에도 유심히 살펴본다.

사실 체험단을 하기 전까지는 블로그 체험단이 뭔지도 몰랐고, 이렇게 홍보를 하는 방법이 있다는 것조차 알지 못했다. 생각보다 인터넷 마케팅은 자영업에 있어서 중요한 부분이다. 홍보라는 것이 예전처럼 전단지만 돌리는 것이 아니라, 인터넷으로 충분히 홍보 마케팅을 해야 한다.

나는 체험단을 하러 갈 때도 '만약에 내가 이 가게 사장이라면?'이라고 생각해 본다. 아주 사소한 블로그 체험단이라 할지라도 내 행동에 의미를 부여하고 배우려고 하고 있다.

나의 노하우가
돈이 된다고?

엄마, 무대에 서다

짠테크 영상을 주로 이루던 내 채널에 부업에 관한 영상을 올리기 시작했다. 유튜브나 블로그를 통해서 내는 수익을 가끔 공개했다. 이런 영상을 지켜보던 구독자들에게 블로그와 유튜브를 하는 방법에 대한 문의가 자주 들어왔다. 처음엔 댓글로 설명했다. 그러다 안 되겠다 싶어서 영상으로 찍어서 올렸다. 그래도 구독자들의 질문에 구체적인 대답을 해줄 수 없어 너무 답답했다.

나처럼 집에서 애들 보면서 부업으로 유튜브를 하고 싶어 하는 그녀들의 질문을 그냥 넘길 수가 없었다. 구독자 수가 증가하면서 질문의 수는 더 증가하기 시작했고 이 질문을 어떻게 해결하면 좋을까 고민하기 시작했다.

'안 되겠다. 강의를 만들어야겠다.'

2년 전, 나는 컴맹에 기계치였다. 그 당시 블로그도 운영하지 않았고, 페이스북, 인스타도 하지 않았다. 랜선 세계에 대해 제로 베이스였다. 그랬던 내가 어떤 식으로 성장할 수 있었는지 알려 주고 싶었다. 도전할 수 있는 용기를 주고 싶었다.

그러나 강의에 문외한이었다. 1부터 10까지 어떻게 해야 하는지 막막하기만 했다. 어떻게 홍보를 해야 하고, 어디에서 사람들을 모아야 하며 대관은 어떤 식으로 하는지 아는 것이 없었다. 일명 방구석 유튜브인 내가 강사 인맥이 따로 있는 것도 아니었다. 심지어 강의를 들어본 경험도 많지 않았다. 나는 간절히 강의가 하고 싶었기에 '강사 되는 방법'에 대해서 찾기 시작했다. 그러다 문득 내가 보는 유튜브 채널에 강사들이 많다는 것을 깨달았다. 나는 현재에도 블로그와 유튜브 기술 및 운영 방법을 유튜브를 통해 배우고 있다. 그중에서 최근에 가장 재밌게 보던 블로그 강사님의 채널이 문득 떠올랐다.

'이분이다! 이분에게 물어보면 되겠다!'

나는 단 한 번도 만나본 적 없는 그 유튜브 강사님께 용기 내어 비밀로 글과 연락처를 남겼다.

'저에게 강사가 되는 법을 알려 주세요. 저도 제가 아는 유튜브

정보를 모두 알려 드릴게요.'

다행히 내 신분이 유튜브로 보장이 되어 있었기에 만남은 성사되었다. 이런 기회가 쉽게 오는 것이 아니라고 생각했기에, 궁금했던 부분을 하나하나 미리 적어갔고 5시간 동안 나는 강사가 되는 실질적 노하우에 대해 배우고, 유튜브에 대한 정보를 드렸다. 나중에 알게 된 건 강사님은 이런 식으로 사람을 만난 적이 처음이라고 하셨다. 무식하게 용기를 낸 결과, 유명 강사님을 만나서 강사가 되는 법에 대한 정보를 얻을 수 있었다. 그날 나는 강사님께 들은 내용을 정리해서 바로 실전에 돌입하기 시작했다.

강의 모객은 어디서 할까

방구석과 놀이터에서만 하루를 보내는 내가 랜선으로 어떻게 수강생을 모객할 수 있을까 고민하기 시작했다. 나는 찬찬히 다른 강사들이 어떻게 모객하는지 살펴봤다. 그 결과 두 가지 방법을 알게 되었는데 첫 번째는 자신의 SNS 채널을 이용해서 직접 홍보하는 방법, 두 번째는 강의 플랫폼을 이용하는 방법이다.

강의 플랫폼으로는 '숨고', '탈잉', '크몽'이 대표적인데, 이런 플랫폼 같은 경우에는 내가 따로 홍보를 할 필요 없이 강사 신청을 하고 강의 내용을 올리면 알아서 홍보를 해 준다. 이런 재능 플랫폼은 누구든지 자신의 재능을 강의화해서 팔 수 있다. 단, 수수료를 내야 한다.

어떤 주제가 있나 살펴보니, 흥미로운 강의 주제가 넘쳤다. 블로그 키우는 법, 유튜브 영상 편집, 바디 프로필 찍는 법, 사진 잘 나오게 찍는 법 심지어 공무원시험 합격하는 법까지 우리가 평소에 궁금했던 흥미로운 주제의 원데이 클래스가 수두룩했다. 나는 이런 플랫폼을 보면서 세상이 변했다는 것을 새삼 실감할 수 있었다. 불과 10년 전만 해도 강의라 하면 틀에 박힌 자격증 강의가 대부분이었는데, 요즘은 이색 주제, 즉 나만의 노하우만 있으면 강의를 만들고 내 노하우를 팔 수 있는 세상이 되었다.

구독자 만 명밖에 없는 내가 강의를 해도 될까 하고 걱정했는데, 강의 주제를 살펴보니 용기가 생겼다. 요즘은 석사, 박사 학위를 받은 사람만이 전문가로 강의를 하는 시대가 아니다. 준전문가가 처음 시작하는 사람에게 알려 줄 수 있는 시대인 것이다.

나는 재능 마켓과 블로그 둘 중 어디다 먼저 강의 모집을 해 볼까 고민하다가, 일단 구독자들을 위해 시작해 보자는 취지로 블로그에 강의를 오픈하기로 했다.

우선 홍보 글을 작성해야 하는데, 하나하나 처음이다 보니 쉽지가 않았다. 어떻게 하면 매력적인 홍보 문구를 작성할 수 있을지 고민하니 첫 문장부터 막혔다. 이럴 때는 가만히 앉아 머리만 싸매고 있기보단 잘 나가는 강사들의 채널에 가서 벤치마킹하는 게 최고다.

'그래, 잘 나가는 3명의 강사 채널에 가서 어떤 식으로 홍보 문구를 작성하는지 찬찬히 살펴 보자.'

내가 찾아낸 포인트는 동기부여, 과거와 현재 자신이 변화한 점, 타강사와의 차별성, 수강생 후기였다. 나는 위의 네 가지 요소들을 나의 경험과 접목시켜서 강의 모객을 위한 포스팅을 완성했다. 클릭을 누르고 가만히 앉아 있었다.

누가 내 강의를 신청해 줄까? 긴장되고 떨리는 순간이었다. 다행히도 하나, 둘 댓글이 달리기 시작하면서 반응이 오기 시작했다. 집에서 전단지를 돌렸으면 불가능했을 내 강의는 유실장(유튜브)과 블과장(블로그)이 밤새 잠도 안 자고 홍보를 해 준 덕분에 무사히 마감할 수 있었다.

'아! 잘 키운 SNS 채널이 이렇게 나를 홍보해 주는구나!'

나는 이날 탄탄한 플랫폼이 웬만한 직원보다 든든하다는 것을 실감하게 되었다. 방구석에서 아기들 보며 나란 사람을 알리고 홍보하기 위해선 SNS는 필수다. 요즘 세상에 물도 1병에 천 원인데, 이런 플랫폼은 무료이다. 안 할 이유가 없지 않은가. 이렇듯 방구석에서도 수강생 모객과 강의 오픈까지 가능한 시스템을 구축하기에 이르렀다.

진심은 통한다

사람들에게 어떤 강의를 해야 할까? 많은 고민을 했다. 기본은 충실하되 나만 할 수 있는 이야기와 그들이 진심으로 궁금해하는 것을 알려주고 싶었다.

'다 퍼 줘야 한다. 다 퍼 줘야 내가 뜬다.'

이게 내 강의의 목표였다. 왜냐면 나는 유튜브를 통해 세상이 너무 빠르게 변하고 있다는 것을 알고 있기 때문이다. 어차피 지금 내가 가진 정보는 현재의 정보이며, 미래의 정보가 아니다. 정보는 엄청나게 빠른 속도로 업데이트가 될 것이다. 강사란 현재의 지식을 알리고, 새로운 지식을 발 빠르게 익히려고 노력해야 한다고 생각한다. 이렇게 생각하니 아까울 것이 없었다.

또 나를 보러 오기 위해 먼 지방에서 새벽 버스를 타고 온 그녀들에게 하나라도, 나의 모든 노하우를 퍼 주고 싶었다. 수강생들의 간절한 눈빛을 보았기에 나 역시 진심으로 강의에 임했다. 나와 같은 컴맹에 기계치였던 그녀들이 자신의 채널을 만들기에 이르렀다. 영상이 뜨고, 구독자가 늘었다며 나에게 메시지를 보낼 때마다 나까지 흥분하고 설렜다.

강사란 직업은 하면 할수록 굉장히 매력적이다. 나의 재능과 지식으로 타인의 삶에 자극을 주고, 도움을 줄 수 있는 삶. 특별한 사람만이 강사가 될 수 있는 게 아니다. 재능과 노하우를 잘 쌓고 그것을 기록하고, 나를 대신해서 홍보해 줄 SNS를 잘 키운다면, 이렇게 애 둘 키우는 아줌마도 강사가 될 수 있다.

방구석 전쟁터에서
살아남는 전술

우물 안의 개구리, 노는 물을 바꿔라

독서 모임에 가입하면 한 달에 1권 읽을 책을 2권을 읽고, 서평을 쓰게 된다. 자격증 모임에 가면 어느새 나도 모르게 자격증을 취득하게 된다. 운동하는 모임에 가면 자신의 몸과 건강에 신경을 쓰게 된다. 꿈이 있는 사람들과 함께하면 나도 내 꿈을 찾으려고 나를 들여다 본다. 반대로, 남편을 헐뜯는 모임에 가면 나도 모르게 한마디 거들고 있다. 시댁 욕하는 사람과 함께 있으면 좋던 시댁도 미워 보인다. 당신은 지금 어떤 사람들을 만나고 있는가?

내가 속해 있는 모임이 바로 현재의 나이다. 내가 변하지 않는 것이 아니라 내가 변할 수 없는 모임의 늪에 빠지게 된 것이다. 사람은 사회적 동물이다. 우리는 어떤 모임에 소속되면 그 무리의 규칙을 지키려 하게 된다. 주체적인 내 삶을 찾기 위해서는 어떤 모임에 소속될지 스스로 판단하고 결정해야 한다.

나는 사실 육아를 하는 5년간 조리원 동기 모임 빼고는 새로운 인연을 만든 경험이 전무했다. 친구를 만드는 게 피곤했고, 지금 친한 친구들도 서로 애 키우느라 만나기 힘든 판에 무슨 친구인가 싶었다. 가끔 아이 친구, 즉 같은 또래를 키우는 엄마들과 이야기하는 정도의 인간관계를 유지하고 살았다. 그러다 유튜브를 하고 1년 동안 많은 사람을 알게 되었다.

그녀들에겐 꿈이 있었다. 하루하루 아이들을 보느라 거울 한번 보기 어려운 판에 꿈이라는 단어는 사치라고 생각했는데, 꿈이란 건 돈이 많고 여유가 있는 사람들의 것으로 생각했는데, 내 생각이 틀렸다. 나는 부끄러웠다. 그저 색안경을 낀 채, 부럽고 시기하는 내가 참 못나 보였다. 그녀들 역시 나와 별반 다르지 않은 환경이었다. 비슷한 또래의 아이를 키우면서, 자신의 하루를 쪼개서, 미래에 투자하는 삶을 살고 있었다.

'아, 내가 보고 듣는 만큼이 내 세상이구나, 내가 만나는 사람을 보면 내 세상의 크기가 보이는구나.'

자신을 변화시키기 위해선 환경이 변해야 한다. 의지만으로 변화할 순 없다. 내 주변에 좋은 정보가 넘치며, 항상 열심히 배우려는 사람들이 많으면 본인도 그들과 함께 뭐라도 배우게 된다. 의지로 나를 다스리려 하지 말고 환경으로 나를 바꿔야 한다. 동네 엄마들에게 내 시간을 주면 안 된다. 나의 발전을 방해하는 요소는 멀리해야 한다.

만나는 사람이 한정적이면, 내 삶도 단조롭고 변화가 없다. 육아를 하다 보면 아이를 위한 정보는 넘쳐나지만 정작 나를 위한 정보는 거의 없다. 나는 엄마라는 틀에서 벗어나 나로서, 나답게 살고 싶다는 생각을 가슴 한편에 묻어두고 살았다. 아이가 어리다는 핑계로 꿈도 미래도 방치한 것이다.

이제 나는 더 이상 시시콜콜한 시댁 얘기, 옷을 뱀처럼 질질 흘리며 벗는 남편에 대한 불만에 내 에너지를 쏟지 않는다. 지금 내 삶에 집중하고, 가치 있는 삶에 대해 고민하는 사람들과 발전하는 '우리의 삶'에 대해 토론한다.

스스로 자신을 변화시키기는 너무나 어렵다. 그러나 모임을 바꾸고 만나는 사람을 바꾸는 것은 어렵지 않다. 노는 물을 바꾸자.

아이 방에 장난감이 넘쳐나고 그 속에 책이 있다. 그러면 아이들은 책을 읽기보다는 장난감을 가지고 논다. 장난감을 치우고 독서할 수 있는 책상과 의자를 들여놓으면 그제야 책을 꺼내 본다. 환경이 중요하다. 저절로 변할 수 있는 환경을 만드는 것! 더 이상 옆집

엄마의 감정 쓰레기통이 되지 말자. 내 삶의 주도권은 내 것이다. 내 인생을 플러스로 만들어 줄 수 있는 사람들을 만나자. 그러면 우리의 삶은 서서히 변화할 것이다.

내 탓이 아니라 환경 탓이다

책, 강의 혹은 어떤 사람에게 에너지와 영감을 받아서 그 순간 의지가 불끈 생긴 경험이 있을 것이다. 그러나 막상 집에 돌아오면, 등에 매달리는 아이들과 어질러진 집을 치우고 밥을 해야 한다. 오늘 받은 영감을 행동으로 옮기기란 여간 쉽지 않다. 심지어 그런 날은 꼭 남편이 회식을 하고 늦게 오거나 애가 아프다. 의지가 있어도 환경 때문에 할 수 없음에 좌절한 경우가 많았다. 혹자는 환경 탓하지 말고 열심히 하라고 하는데 나의 경우는 다르다. 이런 상황에서 환경 탓을 하는 게 어쩌면 더 속이 편했다.

내가 의지가 없는 게 아니라 내 명함이 엄마이고, 집과 아이에게 묶여 있으니 못하는 게 당연하다. 이렇게 생각하는 게 정신 건강에 좋고, 이래야 도전할 용기가 생기고 오래간다. 집에 청소해주는 분이 오시거나, 남편이 일찍 오거나(일찍 와서 소파에 누워서 스마트폰만 보면 더 싸우긴 한다) 아이들이 자신의 일을 스스로 할 만큼 성장한 경우를 제외하고는 보통 다 똑같다.

너도 다르고 나도 다르지만 저 멀리서 보면 다 비슷하다. 그러니 '나는 왜 이렇게밖에 못할까? 의지박약인가?'라고 생각하지 말자. 그냥 내가 조금 더 환경이 거지 같을 뿐이다. 그냥 환경 탓을 하자. 그래야 내 탓을 안 한다. 내가 모자라서 못하는 게 아니라, 지금 이 상황이 나를 필요로 하는 곳이 많아서 하나하나 이뤄내기에 힘든 거라고 생각하자. 그리고 그게 사실이다. 어제 해야 할 일을 못했다고, 스스로 미워하는 바보 같은 짓은 하지 말자.

'그래, 어제 가족 행사가 있어서 못했네? 그럴 수 있어. 으휴, 행사도 어지간히 많아야지! 그런데도 나는 또 오늘 정신차리고 하네? 기특해, 기특해! 이런 환경 속에서도 너는 잘 하고 있는거야, 멋지다!'

이렇게 생각해야 끝까지 간다. 회사도 결국 버티는 자가 승리한다. 제아무리 초반에 실적이 좋아도, 그만두면 끝이다. 집에서 일할 때에도 똑같다. 나보다 잘하고 멋진 엄마들, 능력자들이 너무 많다. 초반에 미친 듯이 달려서 남들보다 고퀄리티로 잘하면 뭐하나, 포기하면 말짱 꽝이다.

조금 느려도, 조금 어설퍼도 조금씩 앞으로 나아가고 내 상황 안에서 계속 롱런하는 게 결국 승자다. 가끔 힘들고 지칠 때 내가 왜 이렇게 열심히 사는가 의문이 든다면 나무를 보지 말고 숲을 그려 보자. 내가 잘되고 싶은 이유도 내 안의 행복, 우리 가족의 행복이다. 누구나 자신이 원하는 일에 몰입하다 보면, 숲을 잊는 경우가 많다. 너무 조급할 필요도 없다. 조급하게 완벽하게 하려고 하는 것이 결국 나를 멈추게 하는 것이다. 그러니 멈추지만 말자. 멈췄다 다시 시작하는 것은 정말 힘들다. 그럴 바에야 거북이처럼 느리게라도 지속하는 게 더 낫다.

달리고 한 번 쉬고, 다시 달리고

하나씩 차근히 익숙해질 때까지 한다. 그리고 하나 더 추가한다. 나는 이런 식으로 하는 일을 늘려나갔다. 처음엔 블로그에 글 쓰는 것조차 2시간이 넘게 걸렸고, 유튜브 역시 3일을 편집해도 끝이 나지 않았다. 처음 해보는 일이니 당연히 어설펐고 답답했다. 그래서 하나씩 차근히 배워나갔다. 서두르지 않고 하나씩 마스터해 가는 것, 이것이 나의 두 번째 전략이다.

블로그의 경우, '네이버 블로그 1일 1포스팅 100일간 도전하기'를 목표로 잡았다. 시간을 정한다. 처음엔 2시간 걸리던 것이 한 달 정도 꾸준히 하다 보니 어색했던 툴에도 익숙해졌고 1시간 만에 포스팅이 가능하게 되었다. 그 1시간을 내가 가장 집중력 높은 시간으로 정한다. 그리고 매일 같은 시간에 내 목표를 이룬다. 인기 없는 블로그라 할지라도 100일간의 완주를 해보면 자신감이 붙을 것이다.

이제 1시간의 여유가 생겼다. 그 말은 조금 지루해졌다는 뜻이기도 하다. 그럼 그 시간에 나는 또 다른 것에 도전했다. 이런 식으로 하나가 익숙해지면, 또 하나를 도전하고, 또 하나가 익숙해지면, 그 다음 스텝으로 나아갔다. 편해졌다고 그 자리에 머무르지 않았고, 편해진 업무는 편해진 대로 하면서, 또 다른 것을 배우려고 노력했다.

처음에 가볍게 블로그 체험단을 시도했고, 익숙해진 후부터는 블로그 서포터즈를 해서 제품과 돈을 받았다. 유튜브 또한 처음에는 편집을 하다가 익숙해지니 각종 기업과 관공서에서 하는 UCC공모전에 도전했고 상금을 받았다. 그러다 광고와 협찬을 받게 되었고, 브랜디드 광고를 통해 수익이 들어왔다.

이런 유튜브에 관한 나만의 노하우와 지식이 쌓이고 누적되어 유튜브 강의를 열게 되었다. 여태 방구석에서 익힌 돈 버는 방법을 나 혼자만 알기 아까워 남은 1시간은 글을 쓰게 되었고, 70일간 매일 쓴 글을 바탕으로 지금 이 책을 쓰게 된 것이다. 한 방에 모든 걸 한 게 아니라, 1년 반 동안 하나씩 마스터해가면서 시간 단축을 하고, 그 페이스를 유지하며 또 하나를 추가하는 식을 반복했다.

　이미 우리보다 먼저 시작한 이를 보면, 저 사람은 이것도 하고 저 것도 하고 대단하다고 생각하겠지만 요새 내가 경험해보니 그렇지 도 않다. 그들은 이미 이전의 것들을 선행해서 걸어갔고, 그 일이 익숙해짐에 따라 또 다른 일을 시작할 수 있는 용기와 자신만의 노 하우, 인맥, 그리고 삶에 시스템화가 형성되었을 뿐이다.

　결국 시작을 했고, 한 가지 완성을 해본 자만이 또 다른 시작을 하고, 또 다른 완성을 해나간다. 승자 독식인 세상이다. 승자라는 말 이 거부감이 들긴 하지만 어쨌건 완주를 해본 자만이 또 다른 시작 을 하고 또 다른 완주를 거듭함으로써 눈덩이처럼 커진 존재감을 발휘하게 된다. 그것이 영향력이고, 그것이 사람들을 끌어당긴다.

나만의 원석을
다이아몬드로 만들 시간

겸손은 고이 접어 두시옵소서

엄청난 것이 아니어도 좋다. 나 역시도 짠테크라는 분야로 이렇게 사랑을 받게 될 줄 몰랐다. 공부도 아니고 자격증도 없는 분야이다. 그저 6년간 꾸준히 써온 나의 종이 가계부가 나를 증명해 주었다. 아주 소소한 것이라도 좋다. 나의 재주를 찾고, 나의 능력을 믿어야 한다. 요즘 시대는 겸손이 미덕이 아니다.

"에이, 세상에 잘난 사람이 얼마나 많은데, 제가 뭘로 어떻게."

이런 말 이제 그만하자. 실력이 있으면, "나 잘해요."라고 어필해야 봐주는 시대이다. 사실 나도 어디 가서 칭찬을 들으면 "아니에요, 제가 뭘." 이렇게 대답하곤 했다. 그게 좋은 건 줄 알았다. 그런데 참 신기한 게 요즘은 내가 잘나고 내가 할 수 있는 것을 세상에 외쳐야 주목받을 수 있는 세상이 되었다. 못하면 못하는 대로, 최대한 잘하기 위해 노력하는 모습을 보여주면 된다. 처음부터 살림을 잘하고 육아를 잘하고 짠테크를 잘하는 사람은 없다. 있다면 사람이 아니라 로봇일 것이다. 점점 그 삶에 익숙해지고 하나씩 나만의 노하우가 생기다 보니 손도 빨라지고 일에 능률이 오르는 게 사람이다. 자신이 잘할 수 있는 것을 떠올려보자.

타인의 이야기를 잘 들어주는 능력.
미니멀한 삶을 유지할 수 있는 평정심.
시간 관리를 잘 하는 노하우.
청소 능력, 집안을 스피드하고 깨끗하게 치울 수 있는 능력.
짠테크로 돈을 모으는 기술.

이 모든 것들이 다 능력이고 재주이다. 예전 같으면 그저 평범한 소재라 여길 수도 있으나 요즘은 소소한 주제가 나를 브랜딩할 수 있는 무기가 될 수 있고, 이 지식이 타인의 삶에 도움이 되는 가치 있는 지식이라면 돈으로 전환될 수 있는 가능성이 있다. 정.말.이다. 내가 그 산증인이다. 앞으로도 로봇이 대체할 수 없는, 우리 삶의 아주 평범하지만 소소한 능력이 더 필요한 시대가 될 것이다.

일단, 내가 잘 할 수 있는 것을 찾아 보자. 그리고 그것을 나만의 SNS 채널에 올리자. 반드시, 나만의 채널을 만들고, 나를 세상에 알리려고 해야 한다. 기록은 위대하다. 본인도 알지 못했던 자신을 찾을 수 있고, 타인에게 신뢰감도 줄 수 있다.

당장 무엇을 시작할지 모를 때에는 글을 쓰고, 영상을 올려 보자. 처음부터 무엇을 할지 정하고 하는 사람은 극히 드물다. 나 역시 처음부터 사람들에게 절약과 부업 영상을 올리겠다고 생각하고 유튜브를 한 게 아니었다. 그저 나의 이야기를 하고 싶었고, 나를 찾고 싶었을 뿐이다. 자신만의 이야기에 몰입해야 한다. 내 이야기가 흔하면 어떤가. 당신이란 존재가 이 세상에 유일무이한 것을. 그것만으로 충분하다.

'이 주제는 너무 흔해. 내가 해서 될까?'가 아니라 '다들 하는 거에 나란 사람은 어떤 차별점을 만들면 좋을까?'를 고민하면 된다. 이 세상에 능력 있고 똑똑한 사람은 많지만, 내가 가진 색깔은 타인과 비교 불가능하다. 스스로 찾아보고, 스스로 정리해보고, 스스로 배움을 실천해 보면서 하나씩 자신만의 노하우를 만드는 것. 그것이 남들과 다른 나만의 색깔을 찾는 방법이다. 내가 잘나지 않았어도, 내가 특별하지 않아도 괜찮다. 지금 조금 부족해도 괜찮다. 남과 비교할 시간에 자신만의 노하우를 만드는 것에 집중하자.

누구나 남들과 비교 불가한 빛나는 원석을 갖고 있다. 그것을 눈치 빠르게 꺼내서 다듬은 사람은 소위 성공한 사람이 되는 것이고, 죽을 때까지 알아차리지 못하는 사람은 그저 그렇게 평범하게 사는 것이다. 우리의 원석이 다이아몬드가 될 때까지 계속 시도하고 깨져보아야 한다. 성공한 사람들은 대부분 실패를 해본 경험이 많다고 한다. 그 말인즉슨, 계속 새로운 것에 시도해 보았다는 뜻이다. 내가 어떤 분야에 재주가 있는지, 시도해 보지 않으면 절대로 알 수 없다. 타인의 조언? 유전자? 책? 강의? 간접 경험 말고 직접 경험을 쌓아야 한다.

"아 그거? 대단한 것도 아니야. 나도 생각해 본 아이디어거든."
"네? 그래요? 하지만 결국 실행한 건 당신이 아니고 전데요?"

이 세상에 새로운 것은 없고, 모두가 아는 이야기일지라도 그것을 나답게 만들어보는 실행력에는 용기가 필요하다. 머릿속으로 생각만 하는 것은 누구나 할 수 있다. 똑똑한 사람은 정말 많다. 그러나 두려워할 필요는 없다. 어차피 대부분의 사람들은 머리가 무거워서 몸을 움직이지 못한다. 일단 궁뎅이를 떼고 일어나서 시작한 당신이 더 대단한 사람이다. 솔직히 말하면, 나는 경단녀로 애들을 보고, 아르바이트 하면서, 머리는 굳고, 아는 것도 다 까먹어서 매일 책을 통해 지식을 차곡차곡 쌓아가면서도 가끔은 두려웠다. 전문가들이 내 이야기를 들으면 어떤 반응일까? 이런 두려움이 없다면 거짓말일 것이다.

'쫄 필요는 없어. 지금 어설프더라도 하나하나 작은 성과를 내고 있는 내가 대견해.'

나는 '생각만' 하는 자보다 앞서가고 있는 거라고 자신을 믿으려고 애썼다. 실패가 두렵지만 아무것도 안 하는 게 더 두려웠기에 계속 시도했다. 참 신기하게도 시도하는 사람은 계속 그 도전과 배움의 씨앗을 먹고 자라나 또 다른 시도를 한다. 반대로 현재의 편안함을 추구하고 변화를 두려워하는 자는 도전하지 않고 1년 전, 3년 전, 5년 전 그 모습 그대로 멈춰져 있다.

나는 무엇이든 시도하는 '노력형 인간'이다. 시도만 한다고 성공하는 것은 아니지만, 지속적으로 용기 내어 도전했기에 최근에 운이 오고 있다는 것을 온몸으로 느낄 수 있었다. 유튜브도 그 시도 중의 하나였다. 남들보다 느렸지만, 어느새 평범한 주부가 1만 명의 구독자를 만들어냈고, 막막한 나의 미래에 한 줄기 빛이 보인다.

그런데 또 다른 고민이 생기기 시작했다. 나름 열심히 콘텐츠를 쌓고 있는데, 시간이 갈수록 나와 비슷한 콘텐츠를 가진 유튜버들이 점점 많아지기 시작한 것이다.

'여기에서 안주하면 나는 짠테크 유튜버 중의 한 명일 뿐이다. 뭔가가 필요해.'

남들과 다른 차별화를 찾기 시작했다. 그리고 내린 결론은 '책을 쓰자'였다. 그러나 그것은 마음뿐 현실은 막막하기만 했다. 어떤 식으로 책을 내야 하는지, 전혀 몰랐기 때문이다. 그렇다고 1만 구독자밖에 보유하지 않은 유튜버에게 책을 내자고 하는 출판사는 없었다. 나는 일단 인터넷에 검색해 보았다. 책을 내는 방법부터 책쓰기 학원까지 다양하게 검색해 보았다. 가격을 들어보면 헉 소리가 절로 나오는 수업이 넘쳐났다.

'책 쓰는 데 이렇게 돈이 많이 들어가는 거였다니.'

처음엔 낙담했다. 방법을 몰랐고 주변에 물어볼 사람도 없었다. 현실 세계에는 책 쓰기에 대해 물어볼 사람이 전무했다. 랜선 세계에 유튜브를 돌아다니며 댓글마다 '저 책 내고 싶어요.'라는 이야기를 하고 다녔다. 그렇게 며칠이 지나고, 이웃 중의 한 분이 책 쓰기 모임을 하니 함께 하자는 제안을 해 주셨다. 기가 막힌 타이밍이었다. 그때 깨달은 것은, 하고자 하는 것이 있으면 혼자 끙끙 앓지 말고 세상에 외쳐야 한다는 것이었다. 내가 말하지 않으면 아무도 도움을 줄 수 없지만 여기저기 말하고 다니면 또 좋은 인연이 나에게 다가올 수 있다는 것을 알게 되었다. 인맥도 없고, 방법도 모르는 나에게 손짓을 해 주는 작가님께 고마웠지만, 막상 모임에 들어갈 용기가 나지 않았다.

'내가 과연 할 수 있을까? 나같이 평범한 사람이 책을 낼 수 있을까?'

두려움에 휩싸였다. 용기가 필요했다. 사람들은 내가 꽹장히 털털하고 외향적일꺼라 생각하지만, 사실 난 소심쟁이다. 걱정도 많고, 밤에 혼자 이런저런 고민에 밤을 설치기도 한다. 걱정과 근심을 덜어내기 위해 긍정의 확언을 주는 영상들을 일부러 많이 찾아서 들었다. 주변에 나에게 "너 잘할 수 있어, 너 책 내도 돼." 이렇게 말해주는 사람은 단 한 명도 없었다. 그러니 내가 그런 말을 '일부러' 찾아 들었다.

'너 잘할 수 있어!' 이 말을 너무 듣고 싶었다. 유튜브 영상으로 용기를 나게 해 주는 영상들을 찾아보다가 가장 감명 깊었던 것은 '충분하다'라는 메시지가 담긴 영상이었다. 지금 나 존재 자체로 '충분하다'라는 이야기였는데 그 네 글자가 나에게 큰 울림으로 다가와 큰 용기를 주었다.

'그래, 난 충분하다. 지금 나란 존재 자체로도 충분해. 맞아, 내가 못할 게 뭐 있어? 뭐가 그렇게 두려워? 어차피 다들 자기 인생 사느라 바빠. 내가 무엇을 하건 그리 신경 쓰지 않는다고. 용기를 내

자. 나도 충분해. 난 노력형 인간이야. 계속 발전할 수 있어! 나로서 충분해! 나도 할 수 있어! 나도 충분한 사람이야!.'

이런 생각과 다짐을 적어도 100번은 한 것 같다.

그리고 그날 이후 70일간 묻지도 따지지도 않고 매일 A4용지 한 장에 내 이야기를 토해냈다. 목차를 쓰고 글을 쓰는 게 보통 작가들의 방식이라면, 나는 모든 게 어설펐고, 어떤 흐름으로 글을 써야 하는지도 알지 못했다. 그저 쓰고 싶었다. 내 목구멍까지 차오른 내 이야기를 쓰고 싶었다. 그래서 하고 싶은 모든 이야기를 토해냈다. 나중에 내 글을 보고 놀란 건 똑같은 이야기를 계속 반복해서 썼다는 것이다.

엄마가 되면서 너무나 외롭고 힘들었던 마음 속 이야기들을 다 꺼내 놓았다. 엄마가 아닌 나란 사람으로 살고자 발버둥쳤던 이야기. 악착같이 돈을 모았던 이야기. 그리고 SNS로 부업을 하며 점점 자존감을 되찾아 갔던 이야기를 하얀 A4용지에 채워나갔다. 맞춤법과 띄어쓰기는 엉망진창이었지만 상관없었다. 그렇게 완성된 70장의 원고. 그리고 여전히 두려운 마음으로 출판사에 출간기획서를 돌렸다. 마우스를 잡고 클릭을 하는데, 마치 대학교 4학년 면접 결과를 확인할 때처럼 심장이 콩닥거렸다. 그 결과 이렇게 책을 쓰게 되었다.

미지의 세계였지만 나는 두 눈을 질끈 감고 용기를 냈다(실제 두 눈 질끈 감고 '보내기'를 눌렀다). 요즘은 독서 모임, 글쓰기 모임, 책 쓰기 모임 등 함께 할 수 있는 모임들이 SNS를 통해 잘 형성되어 있다. 두려움을 떨쳐버리고 용기만 낸다면 이렇게 글을 쓸 기회가 많다는 뜻이다. 책을 쓰겠다고 생각만 하는 사람은 정말 많다. 나 역시 한번 생각하기 시작하면, '내가 될까? 내가 되겠어? 나는 안돼!' 이렇게 혼자 좌절하기 때문에, 생각을 짧게 하려고 한다.

생각은 두려움을 키운다. 그럴 바에야 일단 행동에 옮기는 게 낫다. 행동은 의외로 용기라는 놈을 만들어 준다. 지금 내 삶에 목구멍까지 차오른 나만의 이야기가 있다면, 용기를 내서 '한글'프로그램을 켜라. 그리고 바탕체 10포인트로 매일 1페이지씩 적어보길 바란다. 고민하고 걱정할 시간에 한 페이지라도 내 이야기를 적어가는 것이다.

책을 쓴다고 인생이 성공하진 않지만, 책을 쓰려면 인생의 에피소드가 필요하고, 그 에피소드를 만들기 위해서라도 열심히 살게 된다. 그럼 된다. 그렇게 변화하면 된다. 그게 우리 삶을 변화시키는 가장 빠른 지름길이다. 명심하자. 생각은 짧게 행동은 빠르게!

평범한 주부는 어떤 식으로
퍼스널 브랜딩을 구축했을까?

'퍼스널 브랜딩에 성공하신 비법이 뭔가요?'

요즘은 이런 댓글이 달리기 시작했다. 불과 1년 반 전까지만
해도 마케팅도 마짜도 모르고 컴맹에 기계치인 내가 이런 소리
를 듣다니 감개무량하다. 유튜브를 하면서 나는 SNS라는 신세
계를 알게 되었고 앞으로 SNS 플랫폼이 우리가 살아가는 세상
에 얼마나 중요한지, 그리고 한계가 없는 세상이라는 것을 알
게 되었다. 무엇보다 가장 좋았던 것은 방에서도, 놀이터에서도
스마트폰 하나만 있으면 된다는 것이었다. 나는 심장이 두근거
렸고, 브랜딩에 관련된 영상과 책과 이미 성공한 이들의 과거

를 뒤져 보며, 하나하나 나만의 브랜딩 성을 쌓기 시작했다.

'아바라'라는 브랜딩을 통해 나는 짠테크 주부 유튜버, 요리도 알뜰히 잘해 먹는 살림꾼, 유튜브 하는 법을 알려주는 주부 유튜버이자 강사라는 브랜딩을 구축했다. 자! 그러면 어떻게 나만의 브랜딩을 구축할 수 있을까?

일단 가장 중요한 것은 나만의 플랫폼을 만드는 것이다. 내가 택한 것은 블로그와 유튜브였다. 에너지가 100이라면 80프로는 유튜브에, 20프로는 블로그에 투자했다. 그리고 그 플랫폼에 내가 타인에게 도움이 될 수 있는 정보와 나의 에피소드를 녹여낸 이야기를 지속적으로 생산해 내기 시작했다. 여기서 포인트는 이것저것 중구난방인 주제가 아닌 하나의 핵심 포인트를 중심으로 가지치듯이 완성물을 뽑아냈다는 것이다.

예를 들어 유튜브를 살펴보면, '짠테크' – '절약' – '식비 절약' – '돈 모으기' – '1억 빚 갚기' – '육아비 절약비법' – '부업' – '천만 원 모으기'

이런 식으로 짠테크라는 큰 맥락 아래 가지치기를 해서 생산물을 뽑아냈고, 그 영상물의 개수는 100개를 훌쩍 넘었다. 한 가지 주제 안에서, 100개의 결과물을 만들어 낸 것이다.

비가 오나 눈이 오나, 아프거나 여행을 가거나, 명절이거나 방학이거나, 핑계 대지 않고 꾸준히 정한 양을 지속적으로 뽑아내는 것, 이것을 아무런 수익 없이 1년간 지속한다는 것은 쉽지 않은 일이다. 그러나 나는 애초에 2년 이상을 잡고 시작했다. 왜냐하면, 둘째를 낳고 적어도 2년간은 집에 묶인 몸이기 때문이다. 급하지 않았다. 급할 필요가 없었다.

'빨리 해내야 해! 빨리 구독자 수를 늘려야 해!'

이렇게 생각하지 않았다. 나의 내공이 부족했기에 서서히 배우며 쌓아가자고 생각했다. 급하게 먹은 밥이 체한다고, 실제로 초반에 인기가 많아진 유튜버들이 갑자기 많은 사람의 관심에 힘들어하는 모습을 종종 보곤 한다. 나는 천천히 하나하나 마스터하며 어제의 나보다 성장하기로 했고, 그것이 나에게 아주 잘 맞았다. 유튜브를 핵심 기지로 잘 키우며, 서브 기지로 블로그를 키우기 시작했다. 블로그는 영상과는 또 다른 매체이기 때문에 다양한 각도로 시도를 해보았다.

블로그를 예를 들면 '성장하는 짠테크 주부 유튜버'를 큰 줄기로 잡고 '유튜브 강사' – '유튜브 정보' – '유튜브 하는 꿀팁' – '책 쓰는 엄마' – '블로그 글 잘 쓰는 방법' – '자기계발서 리뷰' – '자기계발에 대한 내 이야기' – '절약하는 엄마' – '짠테크 정보'

이런 식으로 짠테크, 작가, 유튜브, 자기계발, 독서라는 주제로 확장하며 글을 생산해 냈다. 요즘은 매일 글을 쓰고 있다. 그 이유는 브랜딩에서 중요한 능력 중 하나가 바로 글쓰기란 것을 깨달았기 때문이다. 나는 글쓰기를 배운 적도, 자주 써 본 적도 없다. 글쓰기를 잘하기 위해 내가 할 수 있는 최선이 무엇일지 고민한 결과 글을 많이 써봐야 한다는 결론이 나왔다. 그 배경을 블로그로 잡았고 내 생각 정리와 기록, 그리고 이웃들이 나에게 알고 싶은 정보나 이야기를 글로 풀어내는 연습을 꾸준히 하고 있다.

이런 식으로 자신을 브랜딩하기 위해서는 어느 날 갑자기 한 방이 아니라 꾸준히 지속적으로 한 가지 굵은 줄기를 타고 타인에게 도움이 되는 정보와 이야기를 올려야 한다. 이런 과정을 1년 반 동안 조용히 혼자서 매일매일 생산해 냈다.

사실 나는 글과 영상을 뽑아내는 시간이 너무나 즐겁다. 아이만 보고 있을 때는 집에 있는 시간이 무기력했는데, 지금은 약간의 스트레스도 받고 힘들 때도 있지만, '나도 뭔가를 할 수 있는 사람이구나', '내가 사회에 나갈 수 있는 기회를 집에서 만들어 낼 수 있구나!' 하는 생각에 기쁜 마음으로 하나하나 해나가고 있다.

결국 꾸준함과 일관된 주제, 끊임없이 생산하는 생산량, 그리고 다 퍼 주고자 하는 내용을 보고 들은 구독자와 이웃은, 내 채널의 진정성을 느꼈고 그것이 나를 브랜딩에 성공하게 해준 핵심 전략이 되었다.

결국 SNS 플랫폼은 사람이 본다. 블로그 글을 사람이 읽고, 유튜브 또한 사람이 시청한다. 내 마음이 진짜고, 내가 말하고자 하는 게 진짜면, 그것에 감동받은 이들은 진짜 내 팬이 된다는 것을 명심하자.

요행을 바라거나, 성급하거나, 남의 등에 타서 업혀 가면 그건 잠시 부푼 풍선에 불과하다. 금방 그 바람이 빠지게 될 것이다. 진짜를 만들자. 그게 바로 진짜 나만의 브랜딩이 될 것이다.

'컴맹'에 기계치, 주부 유튜버 도전!

내가 주인공인 세상,
유튜브를 개설하다

엄마도 주인공 좀 해 보자

"유튜브 그거 어떻게 하는지 나는 몰라."

"이 나이에 뭘 또 배워!"

"지금은 너무 바빠서 못하지만 언젠가 할 거야."

당신은 어떤 유형인가? 지금이 아니면 다음은 없다. 롸잇나우!
당장 시작하자! 유튜브를 해야겠다고 마음을 먹었다면, 심장이 두
근거린다면 그때가 시작할 적기이다. 우리의 감정은 파도와 같아서
시간이 조금만 지나도 하고 싶은 열정은 사그라든다. 첫 감정은 두
번 다시 돌아오지 않는다. 며칠 뒤에? 한 달 뒤에? 내년에? 미루면

절대 하지 못한다.

　내가 유튜브를 하고 싶었던 이유는 집에서 돈을 벌고 싶다는 이유도 있었지만, 한 가지 이유가 더 있었다. 내가 주인공인 세상이 필요했다. 내 진짜 이야기를 할 수 있는 곳을 갈망했다. 유모차를 끌고 지나가는 아기 엄마라는 조연을 하고 싶지 않았다. 그래서 내 삶의 탈출구로 유튜브를 선택했다.

　나는 밥하는 영상을 자주 찍는 편인데, "일 끝나고 앉으면 끝이야. 일단 밥부터 차리자."라고 무의식 속에 한 말을 많은 분들이 격하게 공감해주셨다. SNS 채널을 하면서 좋은 점은 아이를 키우면서도 집에서 나란 사람을 세상에 알릴 수 있는 것이다. 아들 둘을 잠시만 봐달라고 하면 가족조차도 고개를 돌리고 약속이 있다고 피한다. 유일하게, 가끔 허락하는 사람이 친정엄마다. 아이가 어릴 때는 이런 현실에 정말 숨이 콱콱 막혔다. 이런 삶 속에 내 존재감을 드러낼 수 있는 유튜브라는 공간은 내가 살아있음을 느끼는 유일한 공간이다.

　"유튜브를? 네가? 할 거면 진즉에 했어야지!"

　나에게 부정적인 시선이나 조언을 하는 사람들은 멀리하자. 이미 충분히 육아에 지쳐 부정적인 나를 더 부정적으로 이끄는 사람은 악마라고 생각해라. 유치하지만 난 그렇게 생각했다.

　"야 우리 나이가 몇인데. 우린 이제 안 돼. 애들도 봐야지."

　'우리'라며 아무것도 하지 않는 자신과 나를 동급으로 취급하는 사람의 이야기도 무시해야 한다. 그건 정말 개똥 같은 조언이다. 너와 나는 다른 인격체에, 너는 아무것도 안 하고 있고 나는 앞으로 나아갈 준비를 하는데 왜 '우리'라는 표현을 쓰며 내가 하고 싶어 하는 것의 싹을 잘라버리려고 하는지 도통 모르겠다. 자신의 한계를 나이 즉, 숫자로 선을 긋는 사람과는 더 이상 깊은 관계를 맺을 필요가 없다. 나는 아직 꿈나무니까.

엄마도 꿈나무가 될 수 있다. 100세 인생 중에 아직 3할밖에 살지 않았는데, 벌써 내 인생을 다 산 것 마냥 단정 짓지 않을 것이다. 세상은 상상 이상으로 다양한 사람들이 살고 있고, 의외로 평범한 사람의 평범한 이야기에 많은 관심과 애정 어린 댓글을 달아준다. 나는 '내가 너보다 잘났다, 내가 너보다 돈이 많다.'와 같은 과시하는 영상을 올리려는 게 아니다. '너와 나는 비슷하다'를 느낄 수 있는 영상으로, 어떤 날은 엄마라는 타이틀이 너무나 무거워 눈물이 날 것 같고, 어떤 날은 엄마라서 행복한 그런 평범한 삶을 꾸준히 업로드할 것이다.

제 채널의 주제를 찾고 있습니다만

"여보, 나 유튜브 할 건데, 잘할 수 있을까?"
"어, 어. 그럼."

이 인간은 텔레비전을 보며 대답한다. 종일 애만 보다가 드디어 대화가 통하는 어른 사람이 집에 와서 고민을 털어놨건만, 저런 무성의한 답변이 돌아온다. 참고로 우리 남편은 유튜브를 시작하고 8개월간 내 채널이 재미없다는 피드백을 주었다. 지금은 물론 유튜버님이라고 부른다.

"우진 엄마, 대체 유튜브 어떻게 시작하는 거야? 우리 딸이 유튜브해보고 싶다는데, 나도 좀 배울 수 있을까?"

최근엔 엄마들도 유튜브에 대한 시선이 많이 좋아졌다. 유튜브는 애들이나 보는 거로 생각하지 않고 자신도 하고 싶다며 방법을 알고 싶어 했다. 쉽고 간단하게 할 수 있다며 설명을 해주면 마지막엔 항상 자신은 할 주제가 없다고 말한다. 그렇다. 처음 유튜브를 하려고 할 때 가장 큰 난관! 바로 주제 선정이다.

많은 사람들이 난 잘하는 게 없고 이미 내가 하고 싶어 하는 주제의 유튜버가 넘쳐 흐른다고 생각한다. 이 세상에 새로운 것은 없는데, 갑자기 새로운 것을 만들어야 하는 압박감을 느끼는 그녀들을 보고 있으면 안타깝다. 사실 아주 기발한 아이디어라고 생각하는 것도 이미 다른 사람이 하고 있을 가능성이 크다. 꼭 기발하고, 남들이 하지 않는 것이어야 성공하는 것은 아니다. 비슷한 주제여도 괜찮다. 같은 맥락이지만 그 안에 나만의 매력과 참신함만 있으면 된다. 많은 인기 유튜버들이 말한다. 자신이 좋아하는 것을 하라고.

좋아하는 게 분명하게 있으면 얼마나 좋을까? 나는 딱히 좋아하는 것도, 잘하는 것도 떠오르지 않았다. 그래서 내가 생각해 낸 방법은, 내가 발전할 수 있는 것을 하자는 것이었다.

처음 내 영상은 산후 다이어트에 관련된 주제였다. 적당한 카메라 한 대 없었던 첫 영상. 산후 다이어트를 시작하면서 이걸 기록하면 좋겠다고 생각했다. 유튜브는 주기적으로 업로드해야 하기 때문에, 소재 고갈이 되지 않고 촬영하는 나 역시도 지겹지 않은 이 주제가 적합하다고 생각했다. 나는 그 당시 다이어트에 대한 의지가 하늘을 찌르고 있었다. 그래서 살 빠지는 과정을 유튜브에 올렸다. 많은 사람들이 보진 않았지만 내 자신이 변화하고 있는 모습을 영상으로 보며 뿌듯했고, 영상 편집을 전혀 몰랐던 내가 하나하나 집에서 배워가며 한 편씩 업로드할 때마다 마치 어떤 큰 프로젝트 하나를 끝낸 마냥 성취감을 느꼈다.

물론 인기는 없었다. 이유는 무엇이었을까? 정답은 간단했다. 사람들은 나에게 다이어트 얘기를 듣고 싶은 게 아니었다. 살을 쭉쭉 빼서 44사이즈를 유지하는 엄마라면 모를까, 나는 다이어트를 한다고 하고, 낫또를 먹고 왕뚜껑을 먹는 다른 사람과 똑같은 '말로만 하는 다이어터'일 뿐이었다. 주제를 바꿔야 하나 고민하고 있는데, 우연히 그날 딱 1억 원 대출을 갚았다. 남편과 나는 기분이 너무 좋아서 이 이야기를 어디엔가 말하고 싶었다.

'그래, 영상으로 찍어보자!'

이 영상이 '5년 만에 1억 갚은 노하우'라는 영상이었는데, 그 어떤 대본도 없이 혼자 신이 나서 지난 6년간 써온 가계부를 손에 들고 신나게 자랑을 했다.

"제가 1억을 갚기 위해서 가계부도 쓰고, 식비도 아끼고⋯."

이런 이야기를 대본 하나 없이 신이 나서 이야기했다. 그런데 이게 웬걸, 이 영상의 조회수가 올라가기 시작했다. 드디어 나에게도 기회가 온 것이다. 이것이 바로 급상승 영상(떡상)인가! 이 기회를 놓칠 수 없었다. 이미 주변에 급상승한 유튜버들을 많이 지켜보았기에 이 타이밍을 놓칠 수 없었다. 나는 빠지지도 않는 다이어트 이야기를 당장 멈추고, 짠테크에 관한 주제로 영상을 찍기 시작했다.

#짠테크 #식비절약노하우 #절약 #1억모으기

이런 키워드에 대해서 할 말이 너무 많았다. 여태 6년간 실천하고 있던 모든 절약에 관한 노하우를 마구 쏟아냈다.

'이거구나. 내가 좋아했고, 잘할 수 있는 것. 바로 짠테크였어!'

그때부터 나의 채널은 짠테크 유튜브 채널로 거듭났다. 그중에서도 단연 절약의 꽃, 식비 절약하는 법에 대한 영상은 조회수가 유독 높았다. 식비 절약이라는 것을 어떻게 하면 재미있게 콘텐츠화 할 수 있을까 고민했다. 그러다 생활비 달력이 내 머리를 스쳤다.

'생활비 달력에서 매일 돈을 만 원씩 꺼내 쓰는 것을 반복적으로 연출하면 어떨까?'

영상을 공부해 본 적도 없고, 편집이라고는 'ㅍ'도 몰랐지만 나는 집에서 매일 유명 유튜버들의 인기 영상을 연구했다. 그들에게서 공통적인 하나가 있었다. 사람들의 기억 속에 각인되는 무언가. 그들만의 반복적인 행동, 반복적인, 반복되는 무언가가 있었다. 예를 들어 무한도전이란 예능 프로그램도 시작할 때 멤버들이 "무한도전!"이라고 외친다. 이렇듯 유명한 프로는 뭔가가 있다. 그 뭔가가.

'아 나도 사람들의 기억 속에 아바라티비 하면 기억나는 무언가 '장치'가 필요해. 그걸 생활비 달력으로 하면 어떨까?'

그 반복되는 것을 꼭 목소리가 아니라, 만 원씩 돈을 빼는 모습을 보여주는 것. 이거였다. 이 아이디어를 계기로 내 채널 성장에 가속도를 올리게 되었다.

'아바라님, 매일 돈 꺼내는 그거 어디서 구입해요? 저도 같이하고 싶어요!'

많은 분들이 만 원씩 매일 돈을 꺼내서 요리하는 모습에 흥미를 갖게 되면서 구독자가 서서히 늘기 시작했다. 처음부터 한 주제로 가는 것이 가장 좋지만, 나처럼 전문 지식이나, 잘하는 것을 찾지 못해서 헤매는 사람도, 이렇게 하다 보니 주제 변경 끝에 구독자가 늘어날 수 있다.

영상을 꾸준히 올려보면서 시청자들의 반응을 지켜본다. 특별하게 조회수가 잘 나오고 다른 사람들에게 관심을 받는 영상을 데이터를 통해 면밀히 분석해 본다.

'아! 나는 남성보단 여성이 많이 보는구나. 내 시청자 연령층은 30대 중반부터 50대 중반이 가장 많이 분포되어 있구나. 이런 검색어를 통해서 내 채널에 유입되는구나. 밤보단 전업주부들이 아침 설거지를 마치고 난 시간, 바로 그 시간대에 클릭을 많이 하는구나. 내 영상은 보통 평균 4분에서 5분 정도 시청하는구나.'

이런 과정을 계속 반복하다 보니 나만의 색깔과 콘셉트가 명확해지게 됐다. 처음부터 고퀄리티에 명확한 콘셉트로 전문가처럼 하는 방법도 있지만, 그런 사람들은 보통 전문 지식이 뛰어나거나 이런 분야에서 꽤 오랜 시간 동안 감각을 키운 사람이 대부분이다.

완벽하지 않아도 괜찮다. 괜히 초반부터 완벽하게 하려고 영상 하나 만드는 데에 온 에너지를 쏟아서 기껏 영상 10개 올리고 '에이, 유튜브는 아무나 하는 게 아니야.' 하고 끝내는 사람이 많다. 굉장한 영상미와 전문 지식이 없다면 가볍게 시작하면서 지켜보자. 올리는 영상 중에서 사람들이 나에게 원하는 이야기가 무엇인지,

그것을 알아내자. 결국엔 끝까지 지속하는 사람이 살아남는다. 구독자 수가 10만, 100만이 돼도 그 사람이 꾸준히 업로드하지 않으면 구글 알고리즘은 영상 노출을 멈춘다. 그러니 초반부터 잘하려고 애쓰기보단 내가 할 수 있는 선에서 스트레스를 덜 받고 올릴 수 있는 영상을 꾸준히 올리는 게 더 좋지 않을까 생각한다.

구더기 무서워서 장 못 담그십니까?

유튜브를 하고 처음으로 '싫어요'가 달렸을 때 굉장히 당황스러웠다. 악플도 아니고 '싫어요' 하나에 내 감정이 요동쳤다. 누가 나를 싫어할까? 왜 눌렀을까? 나처럼 얼굴을 노출하는 유튜브는 이런 감정이 더 심하게 올 수 있다. 악플이 달릴 때도 있다. 나쁜 말이 아니어도 듣기에 기분이 나쁘면 나는 모두 악플 취급을 한다. 그런데 이상한 게 악플이 생기면 구독자가 늘었다. 그 말인 즉슨 '싫어요' 혹은 '악플'이 올라오면 내가 뜨고 있다는 증거인 것이다.

사례 A, 좋아 해주는 사람이 100명 늘어나면 싫어하는 사람도 1명 늘어난다.
사례 B, 아무도 안 봐주고, 조회 수도 안 올라간다. 아무도 안 좋아하고 아무도 나를 싫어하지 않는다.

보통 초보 유튜버는 B의 경우를 겪는다. 열심히 찍어서 올렸는데 아무도 안 봐주니 답답하다. 그러다가 한 영상이 뜨기 시작하면 A 케이스가 된다. 그럼 그땐 싫어요와 악플에 대한 스트레스가 생긴다. 둘 중에 뭐가 더 좋을까?

기껏 내 시간 투자해서 아무도 안 봐주는 B 경우보다, 나를 좋아해주는 사람들이 늘어나는 A 경우가 더 낫지 않을까? 심지어 구독자가 늘고 영상 뷰가 늘어나면 내가 자고 있는 순간에도 돈을 벌어주는 머니 파이프라인이 생기는 것이다.

조금 더 솔직히 말해보면, 아무리 돈을 벌어도, 아무리 멘탈 갑이라도 타인의 평가 혹은 비난은 달갑지 않다. 사실 악플이 달리면 나는 나도 모르게 교양 넘치는 말이 방언 터지듯이 막 나온다. 그런데 어쩌겠는가. 유명해지면 안티팬은 생기는 건 받아들여야 하는 숙명이다. 유명인에게 헤이터(hater)는 뗄 수 없는 존재이다. 헤이터가 생겼다면, '아! 나는 이제 유명인이구나!'라고 생각하자.

그리고 '싫어요'가 늘어나면, 이건 내 영상을 구글이 밀어주고 있다는 신호이기도 하다. 기존의 내 구독자들은 보통 '싫어요'를 누르지 않는다. 그런데 의외로 '싫어요'가 달리고 이상한 개똥 같은 댓글이 달리기 시작할 때부터 조회수가 눈에 띄게 증가한다. 구글이 내 영상을 이곳저곳에다가 노출을 시켜주고 있다는 증거이다. 기존 구독자뿐만 아니라 나를 모르는 사람들에게도 '여기 아바라티비 채널 좀 한번 봐보세요' 하고 빼꼼 노출을 시켜주고 있다는 증거다. 그러니 당연히 나를 처음 본 사람들이 영상을 보고 좋아하거나 싫어하거나 구독하니 그만큼 '싫어요'가 생길 가능성이 커지는 것이다. 그래서 나는 '싫어요'가 늘어나면, "아싸! 구글이 밀어준다!!" 하고 좋아한다.

7개월간 주 2회씩 아무리 영상을 올려도 구독자가 2명에서 3명 정도밖에 늘지 않았고, 조회 수도 천을 넘기지 못했다. 그런 인고의 시간이 길어서인지 나는 아직도 악플보다 무플이 더 무섭다.

0원으로 알뜰하게
유튜브 시작하기

예전부터 나는 사장이 되고 싶었다. 유튜브는 무자본 창업이다. 꼭 좋은 장비가 완벽히 갖춰져야 유튜브를 할 수 있는 것은 아니다. 첫 시작은 지금 있는 스마트폰 하나면 충분하다. 장비를 알아 보고 콘텐츠를 찾느라 더 이상 시간을 낭비하지 말자. 지금 유튜브에 주저하는 당신에게 최선은 당장 시작하는 것이다.

내 사업장의 간판을 만들자, 채널 아트

시작부터 순탄하지 않았다. 유튜브를 시작하려면 구글 아이디가 있어야 한다. 구글 아이디로 유튜브 채널을 개설하려고 보니 채널 아트를 만들어야 한다. 채널 아트는 내 유튜브의 간판이라고 생각하면 된다. 이 채널이 어떤 콘셉트와 주제를 가졌는지 보여줄 수 있는 간판인 것이다.

'헐, 시작부터 막히네.'

계속 말하지만 나는 컴맹에 기계치이다. 채널아트는 포토샵을 이용해서 만들면 되는데, 한 번도 포토샵을 해본 적이 없다. 요즘은 앱으로 간단히 채널아트 만들기가 가능했지만, 1년 반 전에는 그런 앱이 없었다. 나는 무조건 해보자는 각오로 컴퓨터를 켜고 무료 포토샵을 다운받아서 만들기 시작했다. 주제는 '산후 다이어트', 그런데 아무리 정성껏 만들어도 미적감각 제로인 내가 만든 채널아트를 도저히 업로드할 자신이 없었다. 너무 이상했다.

안 되겠다 싶어서 머리를 굴렸다. 이런 거 잘하는 친구가 누가 있더라. 마침 고등학교 동창 중에 취미가 컴퓨터로 그림 그리는 거라고 말했던 친구가 떠올랐고 나는 그녀에게 전화를 했다.

"나 유튜브를 하고 싶은데 포토샵 너무 어렵더라. 하나만 만들어줄래?"

친구는 재미있다는 듯이 알겠다고 대답했고, 결국 내 첫 채널아트는 친구의 작품으로 업로드하게 되었다. 현재 내 채널아트는 스마트폰 앱으로 내가 3분 만에 뚝딱 만든 것이다. 요새는 정말 스마

앱(canva)을 이용해서 스마트폰으로 채널아트와 채널 아이콘을 뚝딱 만들 수 있다.

트폰 하나면 채널 개설부터 촬영 편집까지 모두 가능하게 되었다. 유튜브하기 더 좋은 세상이 된 것이다.

난 카메라도 없는데 뭘로 촬영하지?

나는 처음부터 카메라와 장비를 사지 않았다. 아무런 수익이 나지 않는 상황에서 장비부터 사는 것은 오버라고 생각했다. 유튜브로 촬영 장비를 검색해 본 결과 스마트폰만으로도 충분하다는 결론이 나왔다. 당장 스마트폰 동영상 모드를 켜고 촬영을 했다. 화장을 하면서 다이어트를 하겠다고 선언하는 장면이었는데 지금 봐도 정말 허섭하고 웃기다. 심지어 그 다음 장면이 LA갈비를 굽는 장면이다. 다이어트 하겠다고 하고선 LA갈비를 구워 먹은 영상이 나의 첫 번째 영상이었다(이걸 보고 찾아 보는 이가 없길 바란다).

핸드폰으로 촬영을 하기 위해서는 카메라를 지지해줄 삼각대가 필요했다. 그러나 나에겐 그 흔한 삼각대조차 없었다. 상관없었다. 유튜버가 되겠다고 마음먹은 날 나는 동네 도서관을 돌며 유튜브 관련 책을 다 빌려서 읽었는데 그중 키즈크리에이터를 위한 책에 좋은 꿀팁이 있었기 때문이다. 바로 종이컵 양쪽에 칼집을 내서 스마트폰을 끼우면, 삼각대가 된다는 것이었다.

나는 종이컵 양쪽에 칼집을 내서 스마트폰을 끼고 첫 촬영을 했다. 종이컵과 스마트폰 그게 내 유튜브의 첫 시작이었다. 유튜브를 하다 보면 괜한 장비병이 생기게 된다. 그럴 땐 나에게 보상을 하는 방식의 장비 구매를 추천한다. '구독자 500명이 모이면 카메라를 사야지', '구독자 1천 명이 모이면 조명을 사야지.' 이렇게 꾸준히 유튜브를 운영하고 있는 나에게 선물을 주는 식으로 장비를 구매하게 되면, 장비병으로 인한 과소비도 막을 수 있고, 유튜브 운영

종이컵 양쪽에 칼집을 내서 홈을 만들고
거기에 핸드폰을 꽂으면 삼각대 완성!

에 재미를 더하기도 한다. 실제로 나는 구독자 500명 돌파를 하고 카메라를 구입했다. 구독자 500명이 된 것도 행복했지만, 카메라를 산 것이 사실 너무 기뻤다. 결국, 장비가 중요한 게 아니라 실행이 중요한 것이다. 나처럼 컴맹에 기계치, 그리고 삼각대조차 없는 상황 속에서 하고자 하는 마음 하나만 있으면 유튜브 시작은 어렵지 않다.

편집은 핸드폰으로

며칠 전 고등학교 친구들이 우리집에 놀러 왔다. 친구들은 내가 얼마나 기계치인지 익히 알고 있다. 그날 역시 스마트폰 사용법을 몰라 헤매는 내 모습을 보며 "너 도대체 유튜브 어떻게 하니?"라며 미스테리하다는 표정을 지었다.

나는 정말 심각한 기계치이다. 그런 내가 독학으로 편집을 익혔다. 일단 아이들이 어려서 멀리 나가서 배울 수가 없었고, 편집 과외나 학원비가 아까웠다. 그래서 편집을 알려주는 유튜버들 중에 몇 명을 나의 스승님으로 정했고, 매일 1시간은 꼭 유튜브 편집 영상을 보며 메모하고 내 영상에 적용하는 훈련을 했다. 누가 시킨 게 아니었고 돈이 되는 것도 아니었다. 하지만 언제가 나도 유튜브로 수익 창출이 될 거라는 확신을 갖고 배워나갔다. 더 솔직히 이야기하면 애 둘 보면서 집에서 매달릴 수 있는 것은 이것밖에 없었다. 간절했다.

처음 영상 편집을 할 때 나는 컴퓨터 영상 편집 프로그램인 '프리미어 프로'를 사용했다. 매달 2만 원이 넘는 금액을 내는 것도 부담스러웠고, 아무리 해도 손에 익지 않았다. 새로운 편집기술을 익히고, 편집 노트에 잘 적어놓고 마스터했다고 자부했건만 며칠이 지나면 사용법을 잊어버리기 일쑤였다. 심지어 애들은 내가 컴퓨터만 켜면 달려들어 마우스를 클릭하고 키보드를 만져서 도저히 집중할 수 없었다. 계속 이런 식으로 하다간 포기할 것만 같았다. 그러다 우연히 스마트폰 편집 어플이 있다는 것을 알게 되었고, 나는 과감히 컴퓨터에서 스마트폰 앱, '블로(vllo)'로 갈아탔다.

일주일에 2개씩 꾸준히 업로드할 수 있는 이유는 바로 스마트폰으로 영상을 편집하기 때문이다. 처음엔 무료버전으로 앱을 다운받아 편집을 했다. 그러다 구독자 7천 명 정도 생겼을 무렵 9천 800원 유료 결제를 했다. 개인적으로 내가 사용하는 앱이 가장 직관적이고 쉬운 편집 앱이라고 생각한다. 나 같은 컴맹에게는 딱이었다. 자르고 자막 넣고 음악을 넣으니 나름 괜찮은 영상이 나왔다.

편집은 기본 컷, 자막, 음악 넣기이다. 영상 속에 내 얼굴이 나오고 그 모습을 자르고 자막을 넣는 작업이 생각보다 재밌고 신기했다. 그렇게 하나 두 개 영상을 올리다 보니 어느덧 100개가 넘는 영상이 업로드되었다. 100번의 시행착오와 편집을 하며, 초반에 3일이 걸리던 작업이 3시간 안에 끝내는 편집왕이 되었다. 사실 아직도 고퀄리티의 영상을 뽑아내진 못한다. 그러나 걱정하지 않아도 된다. 유튜브를 보는 사람들은 고퀄리티의 영상도 중요하지만 그 안의 내용, 진정성, 친근감, 콘텐츠, 유튜버란 사람, 공감대 형성, 정보성, 재미, 이런 다양한 시각에서 보기 때문에 퀄리티가 초반부터 뛰어나지 않아도 된다.

하다 보면 나의 색깔이 나오고 나의 강점을 알게 되는 게 유튜브인 거 같다. 처음부터 잘 했으면 전문 방송인을 하지 방구석에서 유튜브를 하진 않을 것이다. 그러니 너무 두려워하지 말고 일단 가볍게 시작해 보자.

채널명 '아바라', 나는 미쳤었다

정말 부끄러운 이야기지만 나는 채널명이 그렇게 중요하다는 것을 알지 못했다. 그러다 점점 구독자가 늘기 시작하면서 댓글에 이런 질문이 달리기 시작했다.

"아바라티비의 뜻이 뭔가요? 아껴쓰고 나눠쓴다는 뜻인가요?"

'네? 그게 사실 아이스 바닐라 라떼의 준말인데….'

아니 이게 무슨 뚱딴지같은 소리인가 싶겠지만, 나는 채널명을 아무 생각 없이 아이스 바닐라 라떼를 좋아한다는 이유만으로 '아바라'라고 지었다. 얼마나 내가 브랜드와 SNS에 무지했는지가 증명되는 순간이다.

채널명은 그 채널이 어떤 채널인지, 어떤 성격을 가졌는지 말해 줄 수 있는 중요한 핵심 요소이다. 구독자들의 채널명에 대한 질문이 많아지면서 '아바라티비(미니멀 짠테크)'라고 바꿨다. 지금 처음 유튜브를 시작하려고 한다면, 채널명은 곧 나의 브랜딩의 기본 요소임을 잊지 말고, 진지하게 고민해 보고 참신하면서도 기억에 잘 남을 수 있는 것을 짓기를 바란다. 아직도 너무 아쉬운 게 바로 채널명이다. 만 명이 넘는 사람들이 나를 아바라님이라고 부른다. 그렇게 아무 생각 없이 지은 '아바라'라는 채널명은 이제 나를 평생 따라가게 된 수식어가 된 것이다.

다행히 최근에 어떤 분의 아이디어로,

아끼고 절약하면
바라는 것을 이루는 짠테크
라이프

이렇게 멋진 아이디어를 제시해 주셨다. 1년 반 전으로 돌아간다면 좀 더 신중이 채널명을 지었을 것이다. 한 가지 더 주의할 점은 채널명을 정하기 전에 꼭 유튜브에 검색해 보고, 같은 채널명이 있는지 확인해 보아야 한다. 이미 유명해진 유튜버가 그 채널명을 사용하고 있다면 피하는 것이 좋다. 내 채널의 정체성을 보여 주면서 기억에 남는, 아무도 사용하지 않는 채널명을 진지하게 고민해 봐야 한다.

삽질이란 이런 것,
구독자 1만 명 만들기

저보고 방송 출연을 하라고요?

나는 유튜브에 채널을 개설하고 동네방네 소문을 내기 시작했다. 친구들 가족들에게 구독을 눌러 달라고 했고, 지나가다 우연히 만난 아이 친구 엄마들한테도 "구독 좀 눌러 줘." 하며 구독자를 늘렸다.(사실 이 방법은 채널 성장에 좋지 않은 방법이다). 지인들에게 내가 유튜브를 시작했다고 공표하면 이제 포기할 수 없는 환경을 만든 것이다. 나를 코너에 몰아넣고 나니 매일 어떤 영상을 올려야 하나 고민이었다. 욕심 같아서는 매일 업로드하고 싶었으나 아이들이 어렸기에 그건 불가능했다.

"그래, 일주일에 적어도 2개는 올리자!"

이렇게 딱 목표를 세우고 매주 영상 2개, 한 달에 영상 8개를 꾸준히 업로드했다. 영상 편집도 어설펐기에 일단 블로그에 대본을 쓰고 그 대본을 인쇄해서 놀이터에 가지고 나가 입에 붙도록 외웠다. 손은 비록 애들 뒤치다꺼리하느라 바빴지만, 입과 머리는 유튜브 영상 촬영을 위해 항상 준비하며 매일매일 유튜브를 생각하며 지냈다. 그러다 6개월쯤 지났을 때 비슷한 시기에 시작한 유튜버들이 하나 둘 인기가 생기고 구독자가 늘게 되었다. 반대로 포기하는 유튜버도 많아졌다. 내가 6개월간 이뤄낸 것은 구독자 700명. 그러던 어느 날, 그날따라 텔레비전을 틀어놓고 설거지를 하는데 낯익은 목소리가 들렸다.

'엥? 내가 아는 주부 유튜버 아니야?'

신기했다. 내가 아는 사람이 텔레비전에 나오다니. 그것도 공중파 방송에 말이다. 그리고 한 달 뒤, 또 내가 아는 주부 유튜버가 텔레비전에 나왔다.

'이건 뭐지? 저 사람들도 나랑 구독자 수는 비슷한데….'

나는 그날 결심했다. 나도 올해 안에 텔레비전에 반드시 나오겠다고 말이다. 그날 밤 여동생에게 "언니가 올해 안에 꼭 텔레비전에 나올 거야."라고 선언했다.

많은 사람이 구독자 10만, 100만쯤은 되어야 텔레비전에 나올 수 있다고 생각하는데 그건 아니다. 특히 주부 유튜버의 경우는 더 특별하다. 예전에는 방송국 PD들이 유명한 주부 블로거에게 연락했다면, 요즘은 주부 유튜버들에게 메일을 보내는 경우가 많다. 유튜브 같은 경우는 글과 다르게 영상이다 보니 그 사람이 어떤 분위기와 말투를 가졌는지, 전달력, 목소리, 표정 이런 것들을 모두 파악할 수 있기 때문이다. 나는 동생에게 선전포고를 하고 신기하게도 한 달만에 MBC 〈생방송 오늘아침〉에서 짠테크 관련해서 촬영을 하고 싶다는 연락이 왔다.

"네? 제가요? 저희 집에 리포터가 오신다고요?"

집을 치우고 닦고 이틀간 대청소를 했다. 그리고 짠테크에 관한 이야기부터, 리포터가 시키는 연기도 해보고, 장을 봐와서 요리까지 했다. 살면서 앞치마를 둘러본 적이 몇 번 없는데, 텔레비전에 조금이라도 덜 뚱뚱하게 나오려고 앞치마까지 두르고 3시간가량 촬영을 했다. 예전 같았으면 부끄럽고 창피한 마음에 촬영을 거부했겠지만, 아이 둘을 키우는 지금은 무서울 게 없었다. 아이 둘을 키우면서 매일 반복되는 일상은 행복하지만 지루했다. 그래서 '한 번 사는 인생 재미있게 살아보자'라는 심정으로 촬영을 감행했다. 방송이 나오는 날, 남편과 나는 박장대소를 했다.

"달 떴다, 보름달 떴어!"

남편은 나를 놀려댔다. 카메라에 비춰진 내 모습은 평소보다 더 동글동글하게 나왔고, 그 모습이 참 굴욕적이었다. 그래도 재밌었다. 구독자가 천 명이 되진 않았지만, 난 이렇게 방송 출연을 하면서 출연료도 받고 인생에 재미있는 에피소드를 하나 추가할 수 있었다.

광고, 협찬을 받으려면 이메일 주소를 꼭 기재하자

유튜브 영상 아래에는 상세 설명을 쓰는 곳이 있다. 이곳에 자신의 이메일을 꼭 써 넣자. 이미 많은 유튜버가 그렇게 하고 있다. 그리고 실제 그곳을 통해서 광고나 협찬, 방송에서 연락이 온다. 나는 처음에 이런 기본적인 사실조차 몰라 아무것도 써 놓지 않았다.

광고가 없다면 상금이라도 받겠어

구독자가 1천 명이 된다는 것은 정말 어려운 일이다. 유튜브는 1년 동안 구독자 1천 명, 시청 시간 4천 시간을 채워야 광고 심사에 들어 간다. 이 두 개의 조건이 만족하지 않으면 영상에 광고가 붙지 않는다. 두 가지 조건을 만족하기 전까지 보통의 초보 유튜버들은 견디기 힘들어 한다. 나는 여러 가지 시도를 하며 배운 것을 활용하고자 노력했다. 그 방법 중 하나가 UCC 공모전 참가였다. 기업에서도 UCC공모전을 많이 개최했고, 요샌 각 지자체에서도 많이 개최

한다. 그러다 우리 동네에 '우리 지역을 소개해 주세요'라는 주제로 UCC공모전이 열렸다. 기왕 영상 촬영 배웠는데 어디 써먹을 데 없나 하고 기웃거렸던 나에겐 이거다 싶었다.

'배운 거 여기에 써먹자!'

나는 핸드폰을 들고 그날 하루를 투자해서 우리 지역을 소개하는 UCC 영상을 찍었다. 그리고 목소리도 처음으로 더빙해서 넣어 봤다. 기존에 하는 영상 형식에서 벗어나 새로운 도전을 해 보니, 나름 재밌었다. 내 영상은 장려상으로 무려 10만 원을 받게 되었다. 사실 내 영상이 훌륭했다기보다 참여가 생각보다 저조했기 때문이다. 게다가 상금은 생각보다 많았다.

찾아보면 이런 UCC공모전이 많다. 나는 주로 '위비티'라는 사이트에서 검색해서 알아본다. 이 사이트에는 대학생부터 시작해서 일반인까지 도전할 수 있는 각종 UCC, 주부 서포터즈, 대회까지 다양한 정보를 소개한다. 여기만 확인하면 다양한 공모전을 한눈에 볼 수 있었기 때문에 애들 재우고 밤마다 이 사이트에 들러 내가 할 수 있는 것이 있나 확인하고 도전했다.

지자체 장려상을 받고 자신감이 붙은 나는 모 다이어트 식품회사의 UCC 공모전에도 도전했다. 상금은 무려 1천만 원! 심장이 두근거렸다. 왠지 받을 수 있을 것만 같은 느낌이었다. 초록이와 빨강이로 유명한 그 회사에서는 자사의 노래에 맞는 다이어트 영상을 찍는 미션이었는데, 나는 초록 부직포와 빨간 부직포로 모자를 만들어서 두 아들에게 씌우고 촬영을 했다. 큰아들은 부직포 모자가 답답하다고 성내고, 둘째는 모자를 이미 벗어 던지고 도망가고 엉망진창 난리가 아니었다. 남편은 다행히 생각보다 연기력이 뛰어나서, 주인공을 남편으로 교체하고 촬영을 마무리했다. 비록 결과는 참가상을 받았지만, 아이들과 함께 영상으로 추억 하나를 더 얻을 수 있었다.

이런 식으로 나는 이것저것 시도하며 일주일에 2개씩 7개월 동안 꾸준히 영상을 올렸다. 포기하지 않을 수 있었던 것은 큰돈을 벌겠다는 각오보단, '이걸로 언젠가 소소한 수입이 생기겠지?'라는 작은 꿈이 있었기 때문이다. 계속 지속한 결과, 구독자 1천 명, 시청시간 4천 시간이 넘어갔고 내 영상에도 드디어 광고가 붙었다.

남들 영상에서만 보던 그 광고가 내 영상에도 나오는데 정말 그날의 감격스러운 순간을 지금도 잊지 못한다. 사실 구독자 1만 명이 된 순간보다 나의 영상에 광고가 달린 날이 더 좋았다.

유튜브를 보다 보면 어떤 사람은 순식간에 구독자가 만 명이 되는 것을 보곤 한다. 나보다 늦게 시작했는데, 금세 광고가 붙고 유명해지는 것을 보면 가끔은 내 채널과 비교가 되기도 하고 자괴감에 빠지기도 한다. 나중에 알게 된 사실은, 그들은 이미 블로그, 인스타, 혹은 전문 분야에서 유명인, 작가, 강사인 경우가 많았다. 아님 마케팅에 잔뼈가 굵은 사람들이라 사람들이 좋아할 썸네일과 제목을 이미 알고 있는 경우다. 아무것도 모르고 집에서 아이만 보던 내가 그런 걸 알 리가 전무하다.

지금 돌이켜 생각해 보면, 삽질하는 기간이 나에게는 정말 소중하고 값진 경험이다. 내가 초반에 우연히 떴으면, 구독자 한 명 한 명이 이토록 소중할까? 유튜브 강의를 할 수 있었을까? 삽질의 끝판왕이었기에 누구보다도 초보 유튜버의 심정을 잘 알고 있었고, 강의를 하겠다는 용기를 낸 것은 아닐까? 오랫동안 아무도 안 봐주는 시간이 길었기에, 조회 수가 높지 않아도 그렇게 큰 타격을 받지 않는다. 한 명이라도 내 영상을 기다려주고, 영상을 업로드하자마자 '좋아요'를 누르며 봐주는 사람이 있다는 게 감사할 따름이다. 그 모든 것이 어렵고 힘들었기에, 지금 이 모든 것들이 감사하고 축복이라 여기게 되었다.

호캉스를 즐기는 짠순이

유튜브에 광고가 붙었다고 여기저기서 불러주고, 브랜디드 문의가 오는 것은 아니다. 그냥 광고만 붙은 것이고 그 수입이 그렇게 높은 것도 아니다. 물론 네이버 블로그 애드포스트 수익보다는 많은 금액을 받지만 그래도 구독자 수가 천 단위인 유튜버에게 많은 기회가 오는 것은 아니다(물론 주제마다 다르지만 내 경우는 그랬다).

그날도 나는 언제나처럼 공모전 서포터즈를 모집하는 위비티 사이트에 들어가 내가 할 수 있는 일이 올라왔나 확인했다. 그러다 호텔 크리에이터를 발견하였다. 당시 내 구독자 수는 6천 명이었다. 요새는 호캉스라는 말이 있을 정도로 사람들은 휴식을 호텔에서 즐긴다. 나도 사실 호캉스를 해보고 싶었다.

'그래, 유튜브 이렇게 열심히 하는 데 한번 지원해 보자.'

서류를 쓰고 메일을 보냈다. 며칠 뒤 서류합격, 면접을 보러 오라는 문자를 받았다. 참 신기했다. 그 호텔 크리에이터 공고문을 보았을 때 저세상 이야기 같았는데, 무턱대고 서류를 써서 합격하고 보니 이젠 내 현실과 가까워진 것이다. 면접 준비를 위해 아이들이 자는 짬 나는 시간에 호텔에 관한 정보를 찾아보았다. 역시 일을 저지르니 또 할 일이 생긴다.

호텔에선 면접 보기 전, 자기소개를 영상으로 보내라고 했다.

"오, 요샌 이렇게도 하는구나."

애들 보다가 마감시간에 임박해 머리도 빗지 못하고 자기소개 영상을 찍어 보냈다. 나중에 확인한 영상 속의 나는 머리는 부스스했고, 화장도 애들 잘 때 초 스피드로 해서 엉망이었다. 외면적으로 꾸밀 시간도 거울 볼 시간도 없는 그런 아들 둘 엄마의 적나라한 모습이었다. 면접 당일 그 영상을 면접관들과 함께 보았다. 난 내 모습이 왠지 모르게 자랑스러웠다. 비록 예쁘게 꾸미고 찍지는 못했지만, 내 목소리에는 자신감이 넘쳤다. 그 모습에 나 자신도 놀라웠다.

'오, 너 1년 사이에 아주 멋있어졌구나.'

예전의 나였으면, 푸석한 내 얼굴이 부끄러워서 함께 영상도 보지 못했을 것이다. 그러나 그날은 내 자신감 있는 목소리가 그 푸석한 얼굴마저 상쇄시킬 정도로 임팩트 있게 느껴졌다. 내가 지금 육아를 해서 당연히 거지 같은 몰골인 것을 인정하게 되었고, 그 복잡한 상황속에 저렇게 영상을 찍어 보내는 내 열정이 너무나 기특했다. 그랬다. 나는 처음으로 내 외면을 보지 않았고 내면을 보았다. 아이를 보다 보면 종일 거울 한번 보기 어려운 날이 있다. 그러다 스치듯 내 몰골을 보고 깜짝 놀란 날이 하루이틀이 아니다. 그런 날에는 급격히 우울함이 밀려오고 자괴감이 들곤 했다. 영상 속의 내 모습은 그 모습과 별반 차이가 없었지만, 나는 내면의 울림을 들었다. 내 푸석하고 칙칙한 얼굴이 너무 빛나 보였다. 비록 빗지 않아서 삐친 머리지만, 10초 만에 파우더를 찍고 3초 만에 립스틱을 바른 얼굴이지만 나에겐 너무나 자랑스러웠다.

"아무도 널 인정해주지 않아도 괜찮아. 나는 지금 내가 너무 멋져 보이거든!"

육아에 지쳐서 나도 모르게 떨어진 자존감이 유튜브를 하면서 서서히 올라가고 있었다. 그리고 발표날. 합격!

"여보 나 호텔 크리에이터 합격했어! 우리 호캉스 갈 수 있다고!"

3번의 호캉스 기회와 영상 제작 비용을 받게 되었다. 친한 친구들을 초대해서 호캉스를 즐기기도 했고, 가족들과 한강 크루즈도 타고 호캉스를 무료로 즐기기도 했다. 그중에서 가장 인상 깊었던 호캉스는 바로 제주도였다. 우리는 처음으로 아이 둘과 함께 비행기를 타고 제주도에 가서 무료로 호캉스를 즐겼다. 내 모든 SNS 신공과 여행가이드 경력이 발휘되는 순간이었다. 지도를 보며 루트를 짜고 그 루트마다 체험단을 신청했다. 일정을 소화하면서 블로그 체험단으로 점심을 먹고, 심지어 카시트와 유모차까지 체험단으로 활용해서 여행 내내 들어간 돈은 최소 금액이었다. 그 지출마저도 영상 제작비로 받은 금액으로 해결했기에 실질적인 우리 가족의 여행 비용은 0원이었다.

남편은 호텔에서 저녁 뷔페를 먹으며 "여보, 고마워!"라고 말했다. 이 뿌듯함이라니. 내 능력으로 가족과 함께 맛있는 호텔 음식을 맛보고, 호캉스를 누리며 제주도 여행을 하면서 나름 크리에이터라는 자부심이 생겼다. 그리고 그 다음 날, 나는 구독자 만 명이 되었다. 한 달간 가파른 추세로 구독자 수가 올라가더니 제주도에서 만 명이 된 것이다.

나는 '10,000'이라는 숫자를 확인하고 뛸 듯이 기뻤다. 남편과 아이들이 낚시를 하러 간 사이, 혼자 멍하니 제주 바다를 바라보았다. 유튜브를 처음 시작했을 때 우리 둘째는 기어 다녔다. 아기띠로 둘째를 업고 설거지를 하며 집에서 유튜브 강의를 들었던 때가 떠올랐다. 누군가에겐 1만 명이라는 숫자가 적을 수 있다. 하지만 나처럼 컴맹에 기계치인 평범한 주부에게는 엄청난 숫자이다. 쉽지 않은 여정이었고, 지금도 쉽지만은 않다. 매 순간 고비가 온다. 아이들이 아프거나, 방학이거나, 남편이 늦게 오는 날에는 아무것도 할 수 없다. 그래도 뚜벅뚜벅 걸어갈 수 있는 건, 내가 살아있음을 느낄 수 있고, 나의 영상을 기다려주는 이들이 있었기 때문이다.

나는 모두가 유튜브를 해야만 한다고 생각하지는 않는다. 그러나 자신만의 이야기를 하고 싶거나, 생산적인 취미 생활을 갖고 싶거나, 나처럼 집에서 돈을 벌고 싶은 사람이라면 차근차근 유튜브를 시도해 보라고 권하고 싶다. 물론 현재 자신의 역할을 수행하며 시간을 쪼개서 하라는 뜻이다.

갑자기 유튜브를 하겠다고 퇴사를 하거나, 사무실을 내고, 고가의 장비를 산다는 것은 추천하지 않는다. 돈을 투자하면 그만큼 압박이 들어오기 때문에 유튜브가 '일'처럼 느껴질 가능성이 크다. 그러면 영상 편집, 촬영 업로드가 부담으로 느껴지고 재미가 없어질 수 있다.

나는 유튜브가 아직도 너무 재밌다. 이렇게 질리지 않고 재밌는 게 내 인생에 있었던가 싶을 정도다. 굳이 10만, 100만 유튜버가 되지 않아도 괜찮다. 숫자에 연연하기보단, 나를 좋아 해주는 팬들과 동반 성장하며 천천히 그리고 탄탄히 나답게 성장해나가고 싶다.

아바라티비가 사용하는 장비와 앱

·촬영 장비 : 아이폰7(스마트폰), 캐논 카메라, 남편이 가져다준 삼각대, 만 원대 마이크, 2만 원대 블루투스 키보드

·영상 편집 앱 : 블로(vollo)

유튜브를 시작한다고 뭔가 거창하게 구입할 필요는 없다. 우리에게는 모두 훌륭한 성능의 카메라가 있다. 바로 스마트폰. 가볍기까지 해 특히 야외에서 촬영할 때 유용하게 쓸 수 있다. 또 영상 편집 앱도 무료부터 유료까지 다양하다. 무료 앱도 초보자가 사용하기엔 충분한 기능을 담고 있으니 처음부터 결제하지 말고 일단 무료 앱으로 시작하자. 그 외에는 스마트폰으로 편집할 때 작업의 효율성을 위해 블루투스 키보드를 이용하여 자막을 넣으면 좋다. 업로드 역시 유튜브 앱을 통해 업로드한다. 스마트폰 하나만 있으면 촬영, 편집, 업로드까지 한 방에 해결할 수 있다.

잘 나가는 놈? NO!
오래가는 놈? YES!

내 목표는 오래가는 놈

오늘도 나는 카메라를 켜고 영상을 찍는다. 아직도 기획, 촬영, 편집 업로드까지 혼자서 하고 있는데, 영상을 업로드할 때마다 심장이 콩닥콩닥 뛴다.

'어떤 댓글이 달릴까? 이번 영상은 반응이 좋을까?'

이런저런 생각을 하며 즐겁다. 이렇게 길게 한 가지 일에 '재밌다'는 감정을 느껴본 적이 없기에 나 스스로 더 신기하고 놀랍다.

나는 유튜브를 애쓰면서 한 적이 없다. 이것이 바로 지금까지 지속하는 힘이 아닐까 싶다. 그냥 내 수준에서 할 수 있는 최대한 쉬운 방법을 찾아서 꾸준히 하고 있다. 남들처럼 좋은 장비, 화려한

효과, 세련된 편집 기술을 바라지 않는다. 그것은 '남의 것'이라고 생각한다. 나는 그저 '내 것'을 찾으려고 노력한다. 내가 지치지 않고 꾸준히 할 수 있는 편집과 촬영 방법을 터득해서 즐겁게 꾸준히 지속할 뿐이다.

가끔은 나의 영상과 비슷한 콘셉트의 영상을 업로드해서 아주 가뿐히 나를 추월하는 유튜버를 보면 쓸쓸한 감정이 밀려오는 게 사실이다. 하지만 그러면 또 어떤가. 나는 순간 반짝 빛나는 유튜버보단, 오래가는 유튜버이고 싶다.

내 채널엔 악플이 거의 존재하지 않는다. 아바라티비가 좋은 사람이라서 악플이 없는 게 아니다. 무작위로 영상을 노출해주는 그 유튜브의 알고리즘 덕을 본 적이 없기 때문이다.

심지어 짠테크 브이로그인 내 영상은 쉽게 구독을 누르지도 않는다. 몇 번을 보고서야 구독하는 구독자들이 많다. 그러나 일단 한 번 구독하면, 그때부턴 내 영상을 꾸준히 시청해주는 진정한 팬이 되는 경우가 많다. 그래서 어느 순간부터 구독자와 나는 함께 울고 웃는 그런 사이가 되어버렸다.

나는 학창 시절, 뛰어나게 공부를 잘하는 학생이 아니었다. 그저 성실함으로 중간 성적을 유지했다. 유튜브도 그런 듯싶다. 남들처럼 뛰어난 편집 실력, 센스, 전문적인 지식을 갖고 있지 않았다. 모두 중간이다. 그런데 그럼 또 어떤가. 남들과 비교하기보단, 내 속도로 차분히 걸어가면 그만 아닌가.

유튜버는 구독자 수와 조회 수가 바로바로 보이기 때문에 '비교'를 하기 시작하면 너무 괴로워진다. 타인과의 비교, 타 유튜버와의 비교는 결국 본인의 멘탈을 무너지게 만든다. 그러면 결국 오래가지 못하게 된다. 유튜버는 불특정 다수와 실력 외에도 멘탈을 겨뤄야 하는 직업임에는 틀림없다. 그래서 나는 가끔씩 멘탈이 흔들리거나, 너무 잘되는 채널을 보고 배가 아프면, 내 마음을 굳건히 만들기 위해 마음속으로 외치는 말이 있다.

"나는 오래갈 놈이다!"
"나는 될 놈이다!"
"나는 매일 노력하는 사람이다!"

구독자가 빨리 늘지 않아도 좋다. 조금 더디게 늘어도 좋다. 더 중요한 것은 지치지 않고, 자신의 속도로 차근차근 성장하며 오래 지속하는 것이다.

'컴맹'이라도 차곡차곡 내공을 쌓으면 된다

유튜브를 처음 시작하면 딱 막히는 것이 바로 편집이다. 나는 스마트폰으로 영상 편집을 하는 데 한 영상당 최소 3시간에서 6시간의 편집 시간이 소요된다. 토크로 진행하는 영상 같은 경우에는 3시간 미만이 걸리고, 요리 영상 같은 경우에는 6시간 정도가 소요된다. 영상 편집에서 가장 먼저 해야 하는 것은 컷 편집이다. 나 같은 경우 하루는 영상 촬영과 컷 편집에 집중한다. 그리고 다음 날에는 자막과 효과를 넣고 업로드한다. 이런 식으로 한 영상에 2~3일 정도 투자한다.

결과물이 만족스럽지 못해도 어쩔 수 없다. 내 능력치에서 최대한 노력하는 것, 그것이 최선이다. 고품질의 영상보다 꾸준함과 지속성, 그리고 진정성이 더 중요하다. 일주일에 2번 이상 업로드한다는 구독자와의 약속이 특별한 연출과 기법보다 백배는 더 중요하다고 생각한다.

열정 넘치던 유튜브 초반에, 이것저것 넣어보고 싶은 효과들이 많았다. 그래서 재미있게 유튜브 편집을 알려주는 유튜버를 찾아 구독하고 하루에 하나씩 10분 정도 영상을 보며 노트에 받아 적었다. 요즘은 영상 편집을 알려주는 유튜버가 많아 자신의 취향과 속도에 맞는 강사를 '무료'로 구독하고 배울 수 있다.

'오늘은 일단 자막 예쁘게 넣는 방법에 대해서 배웠으니 그걸 활용해보자.'

'오늘은 화면 전환 효과에 대해서 알아봤으니 그걸 한번 영상에 적용해 봐야지.'

'오늘은 자막을 움직이게 하는 효과를 배웠으니까 써먹어야지.'

이런 식으로, 배운 내용을 토대로 내 영상에 접목해 봄으로써 영상의 질을 높혀갔다.

질 좋은 정보가 많다 보니 선택 장애와 인터넷 치매(?)로 내가 무엇을 취하려고 했는지 잊고 시간을 허비하는 사람들이 많다. 그럴 때는 '원하는 것이 무엇인가?' 이 질문에 집중해야 한다. 그리고 딱 그것만 얻어가는 것이다. 너무 많은 걸 한 번에 많이 배워봤자 어차피 기억도 안 난다(나 같은 '기계치'라면 말이다). 그럴 바에는 10분간 무료로 배울 수 있는 편집 강좌를 선택하자. 딴짓은 금물! 배울 시간은 10분 밖에 없다고 생각하고, 그 시간 안에 딱 한 가지 기능만 배우면 된다. 집에서 배우고 익히고 써먹고, 또 까먹고, 그럼 노트 펴고 다시 적용 해보고 그걸 반복하면서 영상을 계속 업로드하면 편집 실력은 반드시 늘고 영상 퀄리티도 업그레이드 될 수 있다. 그것도 공짜로 말이다.

'컴맹에 기계치'의 유튜브 첫걸음

1단계. 유튜브에서 '편집 강좌'를 검색한다.

2단계. 검색된 편집 강좌 중에 원하는 강좌를 선택한다.

3단계. 영상에서 소개한 기능 한 가지를 노트에 필기하며 익힌다.

4단계. 오늘 배운 기능을 영상에 적용한다.

한 가지 팁을 더 주자면, 내가 익힌 편집 기술을 노트보다 블로그에 정리하자. 그러면 블로그에 유튜브 편집하는 방법에 대한 정보성 글까지 포스팅하게 되어, 한 가지 행위로 두 가지 결과물을 얻을 수 있게 된다. 최대한 플랫폼을 활용해서 질 좋은 정보를 계속 생산해 내는 것. 그것이 SNS 생산자의 길이다.

블로그와 유튜브를 동반 성장시키는 방법

한 가지 콘텐츠를 만들어서 이곳저곳에 뿌려야 한다. 그것을 글과 사진과 영상으로 홍보를 해야 한다. 블로그, 유튜브는 함께 가야 한다. 나를 홍보하는 것이 하나보다는 둘이, 둘보다는 셋이 낫기 때문이다. 나 같은 경우에는 일단 블로그에 영상에서 말하고자 하는 주제의 글을 쓴다. 그 글이 내 대본이 된다. 그렇다고 정성껏 쓸 필요도 없다. 밑 작업 단계이기 때문에 내가 전하고자 하는 메시지가 무엇인지, 그것을 어떠한 예시를 들어서 이야기할 것인지에 대해서 생각나는 대로 글을 쓴다.

아직 완성된 것이 아니다. 이제 나의 생각을 정리하는 단계이다. 머리에 있던 이야기를 글로 정리해서 쓰게 되면 어느 정도 하고자 하는 말의 내용이 정리된다. 그럼 나는 그 글을 뽑아서 아이들과 놀이터나 공원에 갔을 때 쭉 읽어 본다. 그리고 입에 맞게 수정한다. 아이들과 있는 시간에 대본을 연습하는 것이다. 손과 발은 뛰거나 애들 닦이고 먹이고 잡아 주고 있지만, 입으로는 중얼거리면서 대본을 익힌다.

"엄마 뭐해?"

혼자서 공원에서 중얼거리는 걸 보면 우리 아들이 물어보곤 한다.

"어? 엄마 그냥 뭐 좀 외워."

아이들이 다른 친구들과 놀고 있는 틈을 타서 대본을 외우거나 아이디어를 기획한다. 생각해 보니 내 아이디어는 거의 놀이터에서 애들 놀 때 혼자 앉아서 기획한 게 많은 것 같다. 불행 중 다행은 우리 애들이 풍선을 불어달라던가, 비눗방울을 불어달라는 등 입을 사용할 만한 것을 요구하지 않는다.

이렇게 충분히 내용을 입에 익히고 촬영에 들어간다. 준비하고 촬영을 하면 의외로 촬영은 30분 안에 끝난다. 그리고 편집하고 자를 부분도 굉장히 많이 줄어든다. 편집하는 시간까지도 줄이려면 사전 준비가 필요하고, 사전 준비를 위해 블로그에 글을 쓰고, 그걸 뽑아서 연습하면 된다.

그렇게 작성된 글을 저장해 놓고 나중에 영상을 업로드하면 그 영상 링크를 아래에 넣고 블로그 글도 업로드한다. 이렇게 하면 한 가지 주제로 두 개의 플랫폼에 영상과 글을 생산해낼 수 있다. 원소스멀티유즈(하나의 콘텐츠를 개발하여 그것을 영화, 게임, 음반, 애니메이션, 캐릭터 사업, 장난감, 출판 등에 활용하여, 파급 효과를 노리는 마케팅 전략)라는 마케팅 전략이 있다. 최대한 내가 생산해 낸 아이디어를 여러 가지 플랫폼에 활용해서 파급 효과를 노리도록 해야 한다.

나는 유튜브로
월세 받는다

더 이상 아이가 아프다고 울지 않아

아이들을 어린이집에 맡겨놓고 면접을 보러 가면 면접관이 항상 묻는 질문이 있다.

"아이가 어린데, 아이가 아프면 어떻게 하실거죠?"

최대의 압박 면접 질문이었다. 그럴 때마다 이렇게 말했다.

"친정엄마가 봐주실 겁니다!"

사실 아이가 아프다고 연락 오면 조퇴하고 바로 뛰어갈 거지만 말이다. 나에겐 방법이 필요했다. 앞으로 우리 아이들이 인간답게 스스로 엄마의 손길 없이 지내려면 약 10년이 더 필요한데, 그렇다고 10년 동안 아르바이트만 하면서 살고 싶진 않았다.

일하다가 원에서 전화가 오면 심장이 두근거렸다.

"어머니, 우진이가 열이 나요. 혹시 지금 오실 수 있나요?"

황급히 친정엄마에게 전화를 했다. 그럴 때마다 친정엄마는 아르바이트고 뭐고 그만두고 당장 오라고 일침을 놓고 전화를 끊으셨다. 발을 동동 구르며 마지못해 일하지만 마음 한편이 불편하다못해 타들어 갔다. 그럴 때마다 생각했다.

'내 사업을 해야 해. 내 새끼를 위해서라도 사장이 되어야 해!'

돈도 벌어야 했고, 아이도 내 손으로 키우려면 독해져야 했다. 아기를 재울 때 혹시라도 내가 먼저 잠들지 않기 위해 절대 눈을 감지 않았다. 버티고 버텨 아이들이 잠들면 눈을 비비고 일어나 편집을 했고, 드라마가 보고 싶었지만, 유튜브 강의를 들었다.

내가 열정 만수르라 가능한 것일까? 그건 아니다. 집에서 돈 버는 시스템을 하루 빨리 만들고 싶었다. 아이들을 키우면서 집에서 돈을 버는 시스템을 만들자는 목표가 뚜렷했기에 마음이 약해지지 않았다. 그냥 앞만 보고 가려고 노력했다. 그렇게 1년 반을 버텼고, 결국 나는 안 사장이 되었다.

이젠 아이가 아프면 누구의 눈치도 보지 않고, 아이를 데리러 갈 수 있게 되었다. 엄마로서 동시에 나로서 삶의 중심을 잡으며 일할 수 있게 되었다. 사실 몇 개월 전 '디지털 노마드'라는 말을 처음 알게 되었다. 노트북 하나만 있으면 전 세계 어디서나 일하며 지낼 수 있는 삶을 의미한다. 다큐멘터리에서 볼 만한 인생을 내가 살고 있다. 아이가 어리기 때문에 노트북을 들고 어딜 나가기보단, 방구석에서 돈을 버는 '디지털 방구석'의 삶을 살고 있지만 말이다.

나는 지금도 아이를 보며 집에서 돈 버는 시스템을 좀 더 탄탄하게 만들기 위해 동향을 분석하고, 책을 읽고 연구한다. 회사를 위한 일이 아닌, 나라는 사람을 브랜드화하기 위해 내 시간을 투자하고 공부를 게을리하지 않는다. 엄마의 삶과 크리에이터라는 삶을 동시에 즐기고 있다.

더 이상 아이들의 조퇴를 걱정하며 가슴 타는 일은 겪지 않는다. 이제 내 삶의 주인은 내가 되었고, 내 새끼를 내 손으로 키우며 집에서 돈 벌 수 있는 엄마가 되었다.

부동산보다 좋은 투자처 유튜브

지난 5년간, 전월세를 살며 이사 다녔다. 그러다 보니 30대, 내 꿈은 내 집 장만이었다. 무일푼으로 시작한 우리 부부는 월세 보증금이 없어 대출을 받았다. 대출 이자는 이자대로 나갔고, 월세는 월세대로 나갔다. 월세와 대출금을 갚으며 남은 돈을 저축했다. 힘들게 번 돈을 한 푼도 못 쓰고 집주인에게 월 50만 원씩 보내는 게 그렇게 아깝고 서러웠다. 종잣돈 모으기가 힘들던 그때, 열심히 저축하며 재테크 책을 읽었다.

'나도 딱 월세 50만 원만 꼬박꼬박 받으면 소원이 없겠다!'

그리고 5년 뒤, 우리는 무일푼에서 내 집 마련에 성공했다. 그리고 월세도 받게 되었다. 부동산이 아닌 유튜브로.

만약에 내가 부동산 투자에 집중했다면 성공했을까? 돈에 쪼들리며 대출만 가득인 우리집 사정에서 투자를 했다면 과연 내가 현명한 투자를 할 수 있었을까? 절대 아닐 것이다. 그래서 나는 부동산 대신 무자본으로 할 수 있는 것, 바로 SNS 채널 그중에서도 유튜브를 시작한 것이다. 다른 데 눈 돌릴 자금이 없었다. 무조건 가성비! 가성비로 수익이 나오는 포인트에 집중했고, 결국 스마트폰으로 편집하며 키운 내 채널은 나에게 월 50만 원 이상을 꼬박꼬박 주었다(1월 수익금으로 84만 원이 들어왔다. 집세를 올려 받는 비율보다 분명 내 채널의 성장세가 빠를 것이다).

모든 것이 타이밍이다. 대출과 월세의 압박에 살던 5년 전에는 웬만한 아파트값은 다 올랐다. 남들은 다 집값 올랐다고 기뻐했을 때, 나는 대출이자와 월세를 내면서 절약하고 버텼다. 한동안은 남들과 비교하고 뒤처진 내 상황에 우울한 적이 있었다. 이렇게 모아봤자 몇 푼이나 모으겠냐 싶은 날도 많았다. 그런데 지금은 정반대로 생각한다. 내가 그때 조금이라도 주변의 도움을 받았거나, 경제적으로 힘들었던 경험이 없었더라면 이 모든 것이 가능했을까?

내 결핍은 내 채널 콘텐츠의 자양분이 되었고, 지금은 짠테크 유튜버로 자리 잡게 되었다. 앞으로 내가 지치지 않고 꾸준히 영상을 업로드 하면 나에게 매달 50만 원 이상의 광고수익이 들어올 것이다. 이것뿐만 아니라, 강의, 광고, 책 인세와 같은 부가적인 수입처도 생겼다. 1년 반 만에 내 인생은 모두를 역전한 것이다.

유튜브를 처음 시작한다고 했을 때 "유튜브로 성공해라!"라고 말해준 사람은 단 한 명도 없었다. "너가 유튜브를 한다고? 이미 레드오션 아니야? 한번 해봐. 내가 구독은 해줄게."라며 웃었다.

지금은 상황이 달라졌다. 그들은 웃지 않는다. 내가 성장해 가는 것을 보고 진지해졌다. 나는 사실 그들의 웃음을 '진지하게' 만들고 싶었다. 내가 진지한 만큼 타인도 내 일에 진지하게 바라볼 수 있도록 유튜브에 몰입했고 또 몰입했다. 만약, 다른 사람들이 생각하는 나의 한계치에 내가 수긍했다면, 지금의 나는 없을 것이다.

나는 나를 믿었다. 남편, 가족, 지인의 '웃음'에 흔들리지 않았다. 애 엄마라서, 전업주부니깐 하고 생각하며 한계 짓지 않았다. 남들이 가지 않는 길은 외롭다. 그러나 그 외로운 길을 걷는 자만이 남들이 경험할 수 없는 성취감을 얻게 된다고 믿는다. 지금도 난 외롭고 행복하게 길을 걷고 있다. 그리고 현재, 유튜브로 월세를 받는 주부 유튜버가 되었다.

방구석에서 돈 버는
유튜버 되기

예전의 내가 방구석에서 할 수 있는 건 유튜브를 보는 것밖에 없었다. 지친 나에게 휴식을 주는 일이었다. 그런데 유튜브를 보다 보니 유튜브가 돈이 된다고 한다. 그래서 일단 시작했다.

처음엔 자막을 어디에 놓는 게 좋은지, 음악은 어떤 게 좋은지 이런 기본적인 것을 비교해 보려고 타 영상을 봤다. 그러다 어느 순간부터는 나도 모르게 분석하고 있었고, 그 이후로는 유튜브를 가벼운 마음으로 보기보단, 이 사람이 왜 인기가 있는지 분석하는 자세로 보게 됐다.

왜? 나도 유튜버니까! 옆집이 장사가 잘 되는데, 이유를 분석해야지 '아, 저 집은 잘되고 우리집은 왜 안 되지?' 하고 푸념만 할 수는 없지 않은가. 인기 유튜버들의 채널을 분석하고 또 분석했다. 보면 볼수록 유튜브에는 참 유용한 정보가 다양하게 많다. 나 역시 많은 정보를 유튜브를 통해 취하고 있다. 그 과정에서 새롭게 알게 되는 유명 채널은 바로 분석에 들어간다.

'우와, 10분짜리 영상이 순식간에 지나갔다. 정말 도움이 되네.'

이 정도의 감상평이 아니다. 다음은 내가 각 주제별 유튜브 채널을 보고 든 생각을 정리한 것이다.

- 경제 채널을 보고, '전문가와 인터뷰 방식으로 하네? 어려운 용어는 더 알기 쉽게 풀어주는구나. 시청자를 위한 배려가 있군.'
- 영상 편집하는 법을 알려주는 채널을 보고, '영상 편집을 그냥 알려주는 게 아니네? 타겟이 50대 이상의 컴맹 대상이잖아? 그냥 편집을 알려주는 타 채널과 달리 타깃을 더 명확하게 잡았군!'
- 다이어트 채널을 보고, '운동을 함께 하는 라이브 방송도 하네? 라이브 방송을 이런 식으로 활용하는구나.'
- 자녀 교육 채널을 보고, '우리 아이 이제 초등학생 되는데, 어떤 문제집이 좋은가? 이 엄마가 아주 체계적으로 정보를 주네?'
- 부동산 채널을 보고, '부동산 매물을 유튜브로 올려주네? 부동산을 운영하면서 이렇게 자기 사업도 유튜브로 홍보할 수 있구나?'

- 여행 채널을 보고, '맛집부터 길 정보까지 상세히 알려주네. 브이로그를 찍어야 하니까 저렇게 작은 카메라를 들고 다니는구나.'
- 자기계발 채널을 보고, '얼굴을 비공개하려고 어플이나 가면을 쓰네. 근데 목소리는 좋다. 얼굴을 가려도 자신의 강점을 노출하니 되는구나.'
- 책 채널을 보고, '책을 리뷰하네. 근데 무작위가 아니라 건강에 관한 책만 하네? 책 중에서도 구체적인 주제를 가지고 하니 구독자 수가 빠르게 증가하는구나.'
- 살림 채널을 보고, '영상의 화면전환이 굉장히 빠르다. 나도 모르게 넋놓고 10분을 보고 말았어. 화면전환이 빠르니 지루하지가 않아서 계속 보게 되는구나.'
- 재테크 채널을 보고, '이 유튜버는 항상 중요한 포인트에서 효과음을 넣네? 아! 효과음은 이럴 때 넣는 거구나! 감 잡았어!'

유튜브의 주제는 무한하다. 유튜브를 잘하고 싶다면, 일단 유튜브를 많이 봐야 한다. 다양한 종류의 채널을 계속 보면서 각 채널의 성공전략이 무엇인지 연구해봐야 한다. 유튜버들마다 편집하는 스타일과 분위기가 다른데, 내가 벤치마킹할 만한 채널은 있는지, 그 채널과 나는 어떤 차별화를 할 수 있는지 고민하면서 영상을 봐야 한다.

나는 집에서 애들을 봐야 했기 때문에, 할 수 있는 건 다른 유튜브 채널 분석밖에 없었다. 센스도 없고, 편집도 제대로 못 하는 내가 일 년간 수많은 채널을 보면서 분석하자 어느 정도의 유튜브에 대한 감을 익힐 수 있었다.

특히 어떤 채널을 살펴볼 때는 최근 업로드된 영상보단, 인기 영상을 중심으로 보는 것을 추천한다. 유튜브는 서서히 뜨는 게 아니라 인기 영상 몇 개로 확 뜨는 경우가 많기 때문이다. 그러니 인기 영상 5개 정도 분석해 보면 그 채널에서 사람들이 좋아하는 주제, 화제성, 시의성, 썸네일 스타일을 파악할 수 있게 된다.

자신이 보는 채널의 주제가 한정되어 있으면, 유튜브를 시작할 때부터 선입견을 갖게 된다. 유튜브의 알고리즘 상 자주 보는 주제와 비슷하거나 연관된 주제를 추천 영상으로 띄워주기 때문에 주제가 한정되면 자신이 보는 채널 스타일만 유튜브에 존재하는 줄 알게 된다. 실제 이렇게 생각하는 사람도 많다.

그러나 유튜브의 주제는 무한정이다. 다양한 주제의 유튜브 채널을 보고 끊임없이 분석하자. 그러면 나만의 주제, 스타일을 분명 찾을 수 있을 것이다. 이는 오프라인에서 유튜브 강의를 하면서 분명히 느낀다. 유튜브를 이미 자주 소비하고 있는 사람들은 나의 이런 강의를 듣고 아주 빠르게 소화하고 자신만의 영상을 만들어냈다.

지피지기 백전백승이라고 했다. 일단 유튜브를 알아야 한다. 특히 마케팅도 처음, 영상 편집도 처음, 본인 브랜딩도 처음인 사람이면 다른 사람들이 어떤 성장 과정을 겪고 어떤 부분이 매력적이고 성공할 수 있었는지 다양한 사례를 접해보면서 자신만의 색깔을 찾아 나가야 한다.

잘 사는 사람이 되고 싶다

여러분이 읽는 이 마지막 페이지가 저 역시 마지막으로 쓰는 페이지입니다. 제가 책을 내야겠다 다짐했을 때, 단 한 명을 위해 글을 쓰겠다고 다짐했습니다. 7년 전, 너무나 우울하고 가난했던 20대 아기 엄마. 그 시절의 저를 생각하며 썼습니다.

다시 일어나라고,
다시 시작할 수 있다고,
뭐라도 하자고.
그렇게 나를 응원하고 싶어 책을 쓰겠다 다짐했습니다.

썼다 지웠다를 반복하며 참 많이도 울었습니다. 다들 공부하는 스터디 카페에서 혼자 훌쩍거리며 글을 썼습니다. 뭐가 그렇게 쌓인 게 많았는지…. 저는 참 씩씩한 사람이라 생각했는데 그렇지 않았던 모양입니다. 맞습니다. 사실은 누군가에게 위로받고 싶고 기대고 싶었습니다. 그런데 마음이 약해질 것 같아서 티를 내지 않고 살았습니다.

유튜브를 시작하고 처음으로 큰돈은 아니지만, 기부란 걸 했습니다. 언제나 내가 불우이웃이라고 생각하던 제가 처음으로 타인을 위해 기부를 했습니다. 기분이 묘했습니다. 고백하자면 기부하기 전날 밤, 이 돈이면 내 옷도 사고, 아이들 간식도 살 수 있을 텐데 하는 생각에 밤잠을 설치며 고민하기도 했습니다. 쿨하지 못했죠. 하지만 기부를 하고 돌아섰을 때 '이래서 다들 기부를 하는구나' 하는 마음이 들었습니다. 마음속에서 따뜻한 무언가가 올라오는 느낌이었거든요.

"돈이 많다고 잘 사는 사람이 아닙니다. 돈이 많은 사람은 부자라고 합니다. 잘 사는 사람은 관계가 좋은 사람을 뜻합니다."

유명 자기계발 코치인 김창옥 강사님의 강연에서 들은 말입니다. 이를 듣고 참 많은 생각을 했습니다. 저는 돈을 절약하고, 열심히 모으며 살아왔습니다. 오늘도 경제적 자유를 위해 돈이 많아지길 바라며 치열하게 살고 있습니다. 예쁜 내 새끼들과 오순도순 대출금 걱정 없이 살고 싶습니다. 평생을 고생만 하신 부모님께 저 푸른 초원 위에 그림 같은 집도 지어드리고 싶습니다. 그래서 이렇게 돈을 좇아 치열하게 살고 있습니다. 하지만 한편으로는 잘 사는 사람이 되고 싶다는 생각이 들었습니다.

낯모르는 나에게 무조건 신뢰와 응원을 보내주는 이들을 만나고, 나의 계획이 하나둘 실현되면서, 그리고 그 작은 기부 이후 부쩍 그런 생각이 듭니다. 지금 당장 "돈보다는 삶이야."란 말은 할 수 없습니다. 아직 대출금이 많이 남았으니까요. 하지만 분명한 것은 그 어느 날, "그래, 이거면 됐어."라고 말할 날이 올 거라 확신합니다. 그때 누구보다 돈이 많아서가 아니라 내가 세운 작은 목표들을 하나둘 모두 이뤘기 때문이겠죠.

늘 사랑하는 가족과 소중한 벗과 앞으로 만날 인연에 좋은 관계를 맺는 사람이 되고 싶습니다. 저와 함께 하는 이들을 위해 미소 짓게 만드는 사람이 되고 싶습니다. 잘 사는 사람이 되겠습니다.

평범한 저란 존재를 빛으로 밝혀주신 구독자님들 감사합니다. 저를 밝고 건강하게 키워주신 부모님께 감사합니다. 한결같이 제 일에 관심이 없는 남편에게 감사합니다. 무엇보다 귀엽고 사랑스러운 천사들, 내 새끼들 이 엄마에게 와줘서 정말 감사합니다. 그리고 언제나 언니를 응원해주는 내 인생 절친, 사랑하는 선량파워에게 감사를 전합니다.

마이너스로 시작해 부업만으로 돈을 모은 시스템의 비밀

부업왕 엄마의 방구석 돈공부

초판 1쇄 발행 2020년 05월 25일
초판 2쇄 발행 2020년 12월 16일
지은이 안선우(아바라 TV)

펴낸이 민혜영
펴낸곳 (주)카시오페아 출판사
주소 서울시 마포구 월드컵로 14길 56, 2층
전화 02-303-5580 | **팩스** 02-2179-8768
홈페이지 www.cassiopeiabook.com | **전자우편** editor@cassiopeiabook.com
출판등록 2012년 12월 27일 제2014-000277호
편집 최유진, 위유나, 진다영 | **디자인** 고광표, 최예슬 | **마케팅** 허경아, 김철, 홍수연
외주 편집 이선일

ISBN 979-11-90776-04-2 03190

이 도서의 국립중앙도서관 출판시도서목록 CIP은 서지정보유통지원시스템 홈페이지(http://seoji.nl.go.kr)와
국가자료공동목록시스템(http://www.nl.go.kr/kolisnet)에서 이용하실 수 있습니다.
CIP제어번호: CIP2020017515